GREMOIRE

DV

PAPE HONORIVS

UNICURSAL

Copyright © 2017, 2023

Éditions Unicursal Publishers
unicursal.ca

ISBN 978-2-9816136-5-3 (PB)
ISBN 978-2-89806-498-2 (HC)

Première Édition, Imbolg 2017

GREMOIRE
DV PAPE HONORIVS.
AUEC VN RECUEIL
DES PLVS RARES.
SECRETS.

A ROME.

MDCLXX.

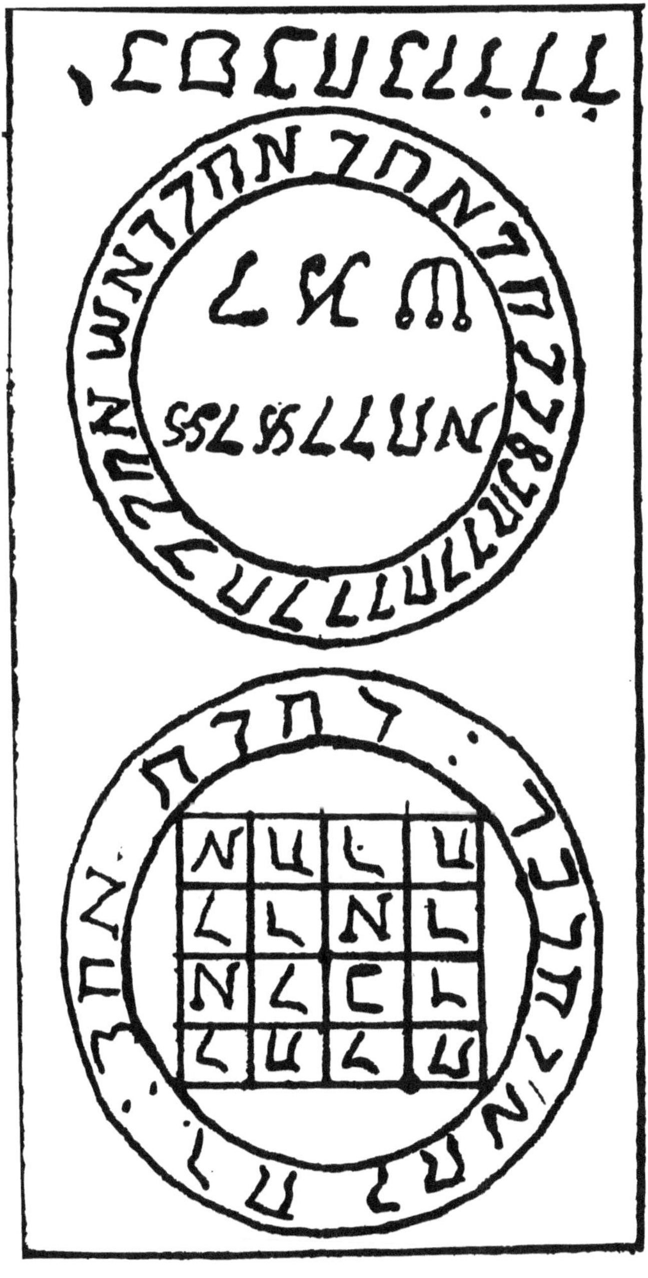

Constitutions du Pape Honorius le Grand, où se trouvent les conjurations secrettes qu'il faut faire contre les Esprits de ténèbres.

LE St. Siège apostolique, à qui les clefs du royaume des Cieux ont été données, par ces paroles de J.-C. à St Pierre : *Je te donne les clefs du Royaume des Cieux*, à toi seul puissance de commander au Prince des ténèbres et à ses Anges, qui comme les serviteurs de leur maître, lui doivent honneur, gloire et obéissance, par les autres paroles de J.-C. : *Tu serviras à ton seul Seigneur*, par la puissance des clefs, le chef de l'Eglise a été fait Seigneur des enfers.

Comme jusqu'à ce jour les Souverains Pontifes ont eu seuls la puissance d'appeler les Esprits et de leur commander, la Sainteté d'Honorius III, par la sollicitude pastorale, a bien voulu communiquer la manière et le pouvoir d'appeler et commander aux Esprits, à ses vénérables frères en J.-C., ajoutant les conjurations qu'il faut faire en pareil cas, le tout contenu dans la bulle suivante:

HONORIUS,

Serviteur des serviteurs de Dieu: A tous et chacun nos vénérables frères de la sainte Eglise Romaine les Cardinaux, Archevêques, Evêques, Abbés; à tous, etc. chacun nos fils en J.-C. les Prêtres, Diacres, Sous-Diacres, Acolytes, Exorcistes, Lecteurs, Portiers, clercs, tant séculiers que réguliers, salut et bénédiction Apostolique. Dans le temps que le fils de Dieu, Sauveur du monde, engendré avant le temps, et né selon son humanité de la race semence de David, vivait sur le terre, dont le très saint nom est Jésus, devant lequel les cieux, la terre et l'enfer doivent fléchir les genoux, on a vu avec quelle puissance il a commandé aux Démons, laquelle puissance a été transmise à Saint

Pierre, est Pierre, et sur cette pierre je bâ-
tirai mon Eglise, et les portes de l'enfer
ne prévaudront point contr' elle. Ces paroles furent adressées à St Pierre, comme
le chef et le fondement de l'Eglise.

Nous donc, qui par la miséricorde de
Dieu, sommes parvenus, malgré notre peu
de mérite, au souverain apostolat, et qui,
comme légitime successeur de St Pierre,
avons en main les clefs du Royaume des
Cieux, voulant communiquer le pouvoir
d'appeler et commander aux Esprits, qui
nous était réservé à nous seuls, et dont nos
prédécesseurs avaient seuls joui; voulant,
dis-je, en faire part, par inspiration divine,
à nos vénérables frères et chers fils en J.-C.,
de peur que dans l'exorcisme des possédés,
ils ne soient épouvantés par l'horribles figures de ces anges rebelles, que le péché
a précipité dans l'abîme et qu'ils ne soient
même pas suffisamment instruits de ce
qu'il faut faire et observer, et qu'ainsi ceux
qui ont été rachetés par le sang de J.-C., ne
puissent être affligés d'aucuns maléfices,
et possédés par le Démon, nous avons in-

séré, dans cette Bulle, la manière de les appeler, qu'il faut observer inviolablement; et parce qu'il convient que les Ministres des Autels aient autorité sur les Esprits rebelles, nous leur accordons toutes lettres que nous avons, en vertu du Saint Siège Apostolique, sur lequel nous sommes monté, et nous leur ordonnons, par notre autorité Apostolique, d'observer inviolablement ce qui suit, de peur que par une négligence indigne de leur caractère, ils ne s'attirent colère du Tout-Puissant.

Il faut que celui dessus nommé, qui voudra appeler les Esprits malins et des ténèbres, passe trois jours en jeûne, se confesse et approche de la Sainte Table. Après ces trois jours, il récitera le lendemain, au lever du soleil, les sept Pseaumes Graduels, avec les Litanies, et les Oraisons, le tout à genoux, et qu'il ne boive point de vin ce jour-là et ne mange de viande. Il se lèvera à minuit le premier lundi du mois, et un prêtre dira une Messe du St Esprit; après la consécration de l'hostie, la prenant dans sa main gauche, il dira à genoux l'Oraison suivante.

ORAISON

Mon Seigneur Jésus-Christ, fils de Dieu vivant, qui pour le salut de tous les hommes, avez souffert le supplice de la Croix, et qui avant que d'être livré à vos ennemis, par un trait de votre amour ineffable, avez institué le sacrement de votre Corps, et qui nous avez accordé la puissance, à nous misérables créatures, d'en faire tous les jours la commémoration; accordez à votre serviteur indigne, qui tient entre ses mains votre Corps vivant, la force et le pouvoir de se servir utilement du pouvoir qui lui a été confié contre la troupe des Esprits rebelles. C'est vous qui êtes leur véritable Seigneur; s'ils tremblent en entendant votre saint nom, je l'invoquerai ce saint nom, en disant: J.-C. Jésus soit mon aide présent et à jamais. Ainsi soit-il.

Après le lever du soleil, on tuera un coq noir, et on prendra la première plume de l'aile gauche, qu'on gardera pour s'en servir dans son temps. On lui arrachera les yeux, la langue et le cœur, qu'on fera sécher au soleil, et qu'on réduira ensuite en poudre. Au soleil couchant, on enterrera le reste du coq dans un lieu secret, et on plantera sur la fosse une croix de la hauteur d'une palme, et on fera avec le pouce, aux quatre coins, les signes marqués à la présente figure, ligne première.

Il ne boira non plus de vin ce jour-là; il s'abstiendra aussi de manger de la viande.

Le mardi, à l'aube du jour, il dira une Messe des Anges, et il mettra sur l'Autel la plume du coq, laquelle sera taillée avec un canif neuf, et on écrira sur du papier blanc et net, avec le sang de J.-C., la figure représentées en cette planche, ligne deuxième.

Il écrira cela sur l'Autel; et à la fin de la Messe, il pliera ce papier dans un voile de soie violette, et le cachettera le lendemain avec l'Oblation de la Messe et une partie de l'hostie consacrée.

La veille du jeudi, il se lèvera à minuit, et ayant jeté de l'eau bénite dans la chambre, il allumera un cierge de cire jaune, qu'il aura préparé le mercredi, lequel sera percé en forme de croix; et après qu'il sera allumé, il dira le pseaume 77 : *Attendite, populre meus, legem meam*; et sans dire, *Gloria Patri*.

Il commencera l'office des morts, par *Venite, exultemus Domino*, etc.

Il dira Matines et Laudes; et à la place du verset de la neuvième leçon, il dira, *Libera me, Domine, de timore inferni; nequeant dæmones perdere animam meam, quando illos ab inferis suscitabo, dum illos velle meum imperabo.*

C'est-à-dire, délivrez-nous, Seigneur, de la crainte de l'enfer; que les Démons n'inspirent point la terreur à mon âme, lorsque je les obligerai à sortir de l'enfer, et que je leur commanderai d'accomplir ma volonté.

Dies illa sit clara, sol luceat et luna, quando illos suscitabo.

C'est-à-dire, que le jour soit beau et que le soleil et la lune luisent lorsque je les appellerai.

*Tremendus illorum aspectus horribilis et dif-
formis. Redde formam angelicam, dum illis velle
meum imperabo.*

C'est-à-dire, leur vue est horrible et
effroyable, rendez-leur leur forme angéli-
que, lorsque je leur ordonnerai de faire ma
volonté.

*Libera me, Domine, de illis cum visu terribi-
li, et præsta ut sint illi obedientes, quando illos ab
inferis suscitabo, dum illis velle meum imperabo.*

Délivrez-moi, Seigneur, de leur vue
terrible, et faites qu'ils soient obéissants
lorsque je les ferai sortir des enfers, et que
je leur commanderai d'accomplir ma volonté.

Après l'Office des morts, il éteindra le
cierge, et au soleil levant, il égorgera un
agneau mâle de neuf jours, en prenant
garde que le sang ne souille pas la terre :
on l'écorchera, et on jettera au feu sa langue et son cœur; le feu sera nouveau, et on
gardera les cendres, pour s'en servir dans
le besoin. On étendra la peau de l'agneau
au milieu d'un champ, et pendant neuf

jours, on l'arrosera d'eau bénite quatre fois le jour.

Le dixième jour, avant le soleil levé, on couvrira la peau d'agneau, des cendres du cœur et de la langue, avec les cendres du coq aussi.

Le jeudi, après le soleil couché, on enterrera la chair de l'agneau dans un lieu secret, et où aucun oiseau ne puisse venir, et le Prêtre écrira sur la fosse avec le pouce droit, les caractères marqués à la planche ci-dessus, ligne 3, et pendant trois jours il arrosera les quatre coins avec de l'eau bénite, et disant : *Asperges me, Domine, hissopo et mundabor, lavabis me et super nivem dealbabor.*

Après l'aspersion, il dira à genoux, la face tournée vers l'orient, l'Oraison suivante.

Oraison

Jésus-Christ, Rédempteur des hommes, qui étant l'Agneau sans tâche, avez été immolé pour le salut du genre humain, qui seul avez été digne d'ouvrir le livre de vie, donnez la vertu à cette peau d'agneau, de recevoir les signes que nous y formerons et qui seront écrits de votre sang; que les figures, signes et paroles aient leur vertu efficace, et faites que cette peau soit un préservatif contre les ruses des Démons; qu'à la vue de ces figures ils soient épouvantés, et qu'ils n'en approchent qu'en tremblant; par vous J.-C. qui vivez et régnez dans les siècles. Ainsi soit-il.

Ensuite on dira les Litanies du saint Nom de Jésus : et au lieu de l'Agnus Dei, on dira l'Agneau immolé soit le soutien contre les Démons.

L'Agneau occis donne la puissance contre la puissance des ténèbres.

L'Agneau immolé accorde la faveur et la force de lier les Esprits rebelles. Ainsi soit-il.

Agnus Dei q. t. p. m. m.

Après que la peau de l'agneau aura été dix-huit jours étendue; le dix-neuvième, on ôtera la toison, qu'on réduira en poudre, et qui seront enterrée au même endroit; on écrira dessus avec le doigt, vellus, puis le caractère de la présente planche, ligne première, puis on continuera : *istud sic in cinerem reductum, si presidium contra dæmones per nomen Jesu*; puis faire les caractères, ligne deuxième de la même planche.

On mettra ensuite, du côté de l'Orient, sécher pendant trois, jours cette peau au soleil, et avec un couteau neuf on fera la première figure ligne 3, planche deuxième.

Après avoir fait cette figure, on dira le Pseaume 71 : *Deus judicium tuum, regida*, etc.; puis le caractère second de la même planche, ligne que dessus.

Après que cette figure sera achevée, le Pseaume 28 : *Offerte Domino patria gentium*, etc.; du Pseaume 95 : *Cantate Domino canticum*, et dont le septième verset est, *offerte Domino filii Dei*, etc., puis la troisième figure de la ligne que dessus.

Il dira après le Pseaume 77 : *Attendite popule meus, legem meam*, etc. puis posera la figure ligne troisième de la planche ci-dessus.

Cette figure faite, il dira le Pseaume 2 : *Quare fremuerunt gentes et meditati sunt inania.*

Finalement, on fera la figure de la même planche; après quoi on récitera le Pseaume 115 : *Credidi propter quod locutus sum*, etc.

Ensuite, le dernier lundi du mois, on dira une Messe pour les morts, et on y omettra la Prose et l'Evangile St Jean; et à la fin de la Messe le Prêtre dira le Pseaume *Confitemini Domino quoniam bonus*, etc., savoir lequel des 4, du Pseaume 115.

✝

En l'honneur de la Très-Sainte et très-auguste Trinité; le Père, le Fils et le Saint-Esprit. Ainsi soit-il.

Les 72 sacrés noms de Dieu, *Trinitas, Sother, Messias, Emmanuel, Sabahot, Adonay, Athanatos, Jesu, Pentagna, Agragon, Ischiros, Eleyson, Otheos, Tetragrammaton, Ely, Saday, Aquila, magnus Homo, Visio, Flos, Origo, Salvator, Alpha et Omega, Primus, Novissimus, Principium et finis, Primogenitus, Sapientia, Virtus, Paracletus, Via, Veritas, Via, Mediator, Medicus, Salus, Agnus, Ovis, Vitulus, Spes, Aries, Leo, Lux, Imago, Panis, Janua, Petra, Sponsa, Pastor, Propheta, Sacerdos, Sanctus, Immortalis, Jesus-Christus, Pater, Filius hominis, Sanctus, Pater omnipotens Deus, Agios, Resurrectio, Mischiros, Charitas, Æternus, Creator, Redemptor, Unitas, Summum, Bonum, Infinitas,* Amen.

La figure présente contient les trois petits pentacles de Salomon, et celui de l'Evangile de St Jean.

Initium sancti Evangelii secundum
Joannem, gloria tibi Domini.

In principio erat Verbum, et Verbum
erat apud Deum, et Deus erat
Verbum. Hoc erat in principio apud
Deum. Omnia per ipsum facta sunt: et
sine ipso factum est nihil quod factum est.
In ipso vita erat, et vita erat lux hominum,
et lux in tenebris lucet, et tenebræ eam
non comprehenderunt. Fuit homo missus
à Deo, cui nomen erat Joannes. Hic venit
in testimonium, et testimonium perhiberet de lumine, ut omnes crederent per ipsum. Non erat ille lux, sed ut testimonium
perhiberet de lumine. Erat lux vera quæ
illuminat omnem hominem venientem in
hunc mundum. In mundo erat et mundus
per ipsum factus est, et mundus eum non
cognovit. In propria venit, et sui eum non
receperunt. Quot quot autem receperunt
eum, dedit eis potestatem Filios Dei fieri;
his qui credunt in nomine ejus, qui non
ex sanquinibus, neque ex voluntate carnis,
neque ex voluntate viri, sed ex Deo nati

sunt : et Verbum caro factum est, et habi-
tavit in nobis, et vidimus gloriam ejus, gloriam quasi unigenti à Patre plenum gratiæ
et veritatis. Deo gratias.

O Zanna Filio David. Benedictus qui
venit in nomine Domini, ô zanna in ex-
celsis.

Te invocamus, Te adoramus.

Te laudamus, Te glorificamus.

O Beata et gloriosa Trinitas.

Sit nomen Domini benedictum; ex hoc
nunc et usque in seculum. Amen.

†

In nomine Patris, et Filii, et Spiritus
Sancti, Jesus Nazarenus Rex Judæorum.
Christus vincit † regnat † imperat † et ab
omni malo me defendat. Amen.

Conjuration universelle.

Ego N. conjuro te N. per Deum vivum, per Deum verum, per Deum sanctum et regnantem, qui ex nihilo cœlum et terram et mare, et omnia que in eis sunt, creavit in virtute sanctissimi sacramenti Eucharistiæ et nomine Jesu Christi et potentia ejusdem Filii Dei omnipotentis, qui pro redemptione nostra crucifixus, mortuus et sepultus fuit, et tertia die resurrexit, nuncque sedens ad dexteram psalmatoris totius orbis, inde venturus est judicare vivos et mortuos: et te maledicte incirco per judicem tuum tentare ausus Deus est, te exorciso serpens, tibi qui impero, ut nunc et sine mora appareas mihi juxta circulum pulchra et honesta animæ et corporis formâ, et adimpleas mandata mea sine fallacia aliqua.

Nec restrictione mentali per nomina maxima Dei deorum Domini dominantium Adonay, Tetragrammaton, Jehova, Tetragrammaton, Adonay, Jehova, Otheos, Athanatos, Ischyros, Agla,

Pentagrammaton, Saday, Saday, Saday, Jehova, Otheos, Athanatos, à Liciat, Tetragrammaton, Adonay, Ischyros, Athanatos, Sady, Sady, Sady, Cados, Cados, Cados, Eloy, Agla, Agla, Agla, Adonay, Adonay.

Constringo te pessime et maledicte serpens N. ut sine mora et legione et gravamine in hoc loco libita signa ante circulum meum sine murmure appareas, sine difformitate nec murmur tione iterum.

Exorciso te per nomina Dei ineffabilia Gogmagogque à me pronuntiari non debuerunt et ternoce mea à lapsu venias adsis N. venias adsis N. venias adsis N.

Conjuration.

Moi N. je te conjure Esprit N. au nom du grand Dieu vivant, qui a fait le ciel et la terre, et tout ce qui est contenu en iceux, et en vertu du saint. nom de J.-C. son très cher fils, qui a souffert mort, et passion pour nous à l'arbre de la croix, et par le précieux amour du

Saint-Esprit, Trinité parfaite, que tu aies à m'apparoître sous une forme humaine et belle forme, sans faire peur ni bruit, et sans faire frayeur quelconque; je t'en conjure au nom du Dieu vivant Adonay, Tetragrammaton, Jehova, Tetragrammaton Adonay, Jehova, Otheos, Athanatos, Adonay, Jehova, Otheos, Athanatos, Ischyros, Agla, Pentagrammaton, Jehova, Ischyros, Athanatos, Adonay, Jehova, Otheos, Athanatos, Tetragrammaton, à Luciat, Adonay, Ischyros, Athanatos, Ischyros, Athanatos, Sady, Sady, Sady, Adonay, Sady, Tetragrammaton, Sady, Jehova, Adonay, Eloy, Eloy, Agla, Eloy, Agla, Eloy, Agla, Agla, Agla, Adonay, Adonay, Adonay.

Veni, N. Veni, N. veni, N.

Je te conjure de rechef de m'apparoître comme dessus dit, en vertu des puissants et sacrés noms de Dieu, que je viens de réciter présentement, pour accomplir mes désirs et volontés, sans fourberie ni mensonge; sinon St.-Michel Archange invisible te foudroiera dans le plus profond des enfers; viens donc N. pour faire ma volonté.

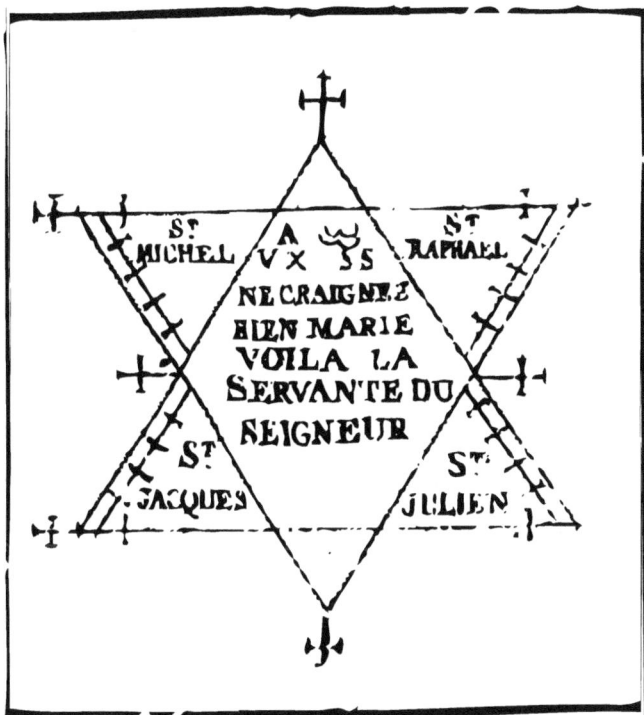

Spiritus
Locus

☩ Et verbum caro factum est. Et Jesus autem pertransiens per medium illorum ibat

C. D. P

☩

☩

A. P.

Quid tardatis, quid Moramini, quid facitis preparate vos, obedite præceptori vestro in nomine Domini Bathat vel Rachat super Abracruens super veniens Abehor super Aberer.

L. Q. L. F. A. P.

Voici le Pentacle de Salomon que j'ai apporté à ta présence, et te fais commandement, de la part du grand Dieu Adonay, Tetragrammaton et Jesus, que tu aies à satisfaire à mes demandes, sans fourbe ni mensonge, mais en toute vérité, au nom du Sauveur et Rédempteur J.-C.

Renvoi.

Ite in pace ad loca vestra et pax sit inter vos, et vos parati sitis venire vocati. In nomine Patris, et Filii, et Spiritus Sancti. Amen.

Aa. D. G.

Laus, honor, gloria et benedictio sit sedenti super thronum et viventi in secula seculorum. Amen.

Conjuration du Livre.

Je te conjure, Livre, d'être utile et profitable à tous ceux qui te liront pour la réussite de leurs affaires. Je te conjure de rechef, par la vertu du sang de J.-C. contenu tous les jours dans le calice, d'être utile à tous ceux qui te liront. Je t'exorcise au nom de la Très-Sainte Trinité, au nom de la Très-Sainte Trinité, au nom de la Très-Sainte Trinité.

Il faut dire ce qui suit avant le signe du Livre.

Je vous conjure et ordonne, Esprits, tous et autant que vous êtes, de recevoir ce livre en bonne part, afin que toutefois que nous lirons ledit livre, ou qu'on le lira, étant approuvé et reconnu être en forme et en valeur, vous ayez à paroître en belle forme humaine lorsqu'on vous appellera, selon que le lecteur le jugera : dans toutes circonstances, vous n'aurez aucunes atteintes sur le corps, l'âme et l'Esprit du lecteur, ni ferez aucune peine à ceux qui l'accompagneront, soit par murmure, par tempêtes, bruit, tonnerres, scandales, ni par lésion, privation d'exécution des commandements dudit Livre. Je vous conjure de venir aussitôt la conjuration faite, afin d'exécuter, sans retardement, tout ce qui est écrit, et mentionné dans son lieu dans ledit Livre : vous obéirez, vous servirez, enseignerez, donnerez, ferez tout ce qui est en votre puissance; en utilité de ceux qui vous ordonneront, le tout sans illusion. Si, par hasard, l'un des Esprits appelés ne pouvoit venir ou paroître, lorsqu'il serait requis, il sera tenu d'en envoyer d'autres revêtus de son pouvoir, qui jureront solennellement exécuter tout ce que le lecteur pourra demander, en vous conjurant tous par les Très-Saints noms du tout-puissant Dieu vivant. Eloym, Jah, El, Eloy, Tetragrammaton, de faire tout ce qui est dit ci dessus. Si vous n'obéissez, je vous contraindrai d'aller pour mille ans dans les peines, ou si quelqu'un de vous ne reçoit ce Livre avec une entière résignation à la volonté du lecteur.

Conjuration des Démons.

Au nom du Père, et du Fils, et du Saint Esprit: Alerte, venez tous Esprits. Par la vertu et le pouvoir de votre Roi, et par les sept couronnes et chaînes de vos Rois, tout Esprits des enfers sont obligés d'apparoître à moi devant ce cercle, quand je les appellerai. Venez tous à mes ordres, pour faire tout ce qui est votre pouvoir, étant commandés: Venez donc de l'Orient, Midi, Occident et Septentrion. Je vous conjure et ordonne, par la vertu et puissance de celui qui est trois, Eternel, égal, qui est Dieu invisible, consubstantiel; et un mot, qui a créé le ciel, la mer, et tout qui est sous les Cieux.

Après ces conjurations, vous ordonnerez d'apposer le cachet.

Figure du cercle et de ce qui le concerne.

Les cercles se doivent faire avec du charbon ou de l'eau bénite aspergée avec du bois de la croix bénite. Quand ils seront faits de la sorte, et les paroles écrites autour du cercle, l'eau bénite qui aura servi pour bénir le cercle, doit encore servir pour empêcher les Esprits de ne faire aucunes peines. Etant au milieu du cercle, vous leur commanderez avec vivacité comme étant leur maître.

Ce qu'il faut dire en composant les cercles.

Seigneur, on a recours à votre vertu; Seigneur, confirmez cet ouvrage; ce qui est opéré en nous, devienne comme la poussière à la rencontre du vent, et l'Ange du Seigneur arrêtant, que les ténèbres disparaissent, et l'ange du Seigneur poursuivant toujours, Alpha, Omega, Ely, Elohe, Elohim, Zebahot, Elion, Saday. Voilà le lion qui est vainqueur de la Tribu de Juda, racine de David. J'ouvrirai le livre et ses sept signes, J'ai vu Satan comme une lumière tombant du ciel. C'est vous qui nous a donné la puissance de réduire sous vos pieds les dragons, les scorpions, et vos ennemis. Rien ne nous nuira, pas même Eloy, Elohim, Elohe, Zebahot, Elion, Esarchie, Adonay, Jah, Tetragrammaton, Saday.

La terre et tous ceux qui l'habitent sont à Dieu, parce qu'il l'a fondée sur les mers; et il l'a préparée sur les fleuves. Qui est celui qui montera sur la montagne du Seigneur;

GRAND PENTACLE
DE SALOMON.

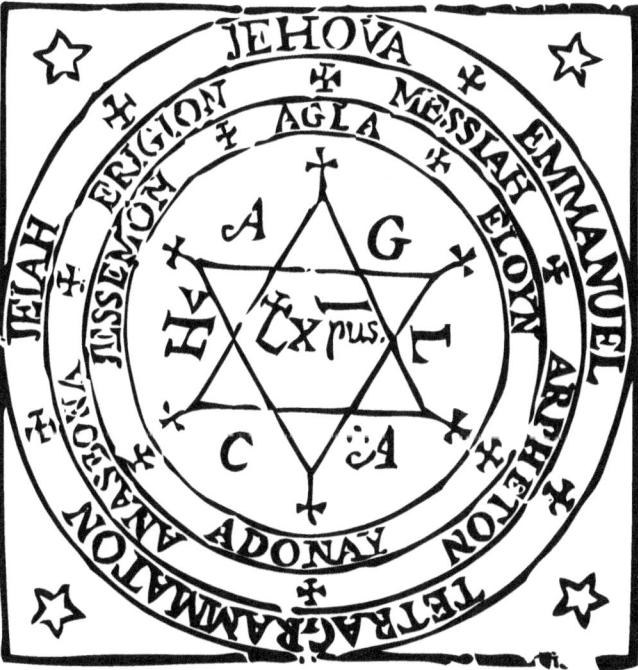

ou qui est celui qui n'a reçu dans son saint lieu, l'innocent d'une main et d'un cœur pur? Qui n'a pas reçu son âme inutilement, et n'a pas juré fourberie à son prochain? Celui-là sera béni de Dieu, et recevra la miséricorde de Dieu pour son salut. C'est de la génération de ceux qui le cherchent.

Princes, ouvrez vos portes, ouvrez les portes éternelles et le Roi de gloire entrera. Qui est ce Roi de gloire? Le Seigneur tout-puissant, Seigneur vainqueur dans le combat. Princes, ouvrez vos portes; élevez les portes éternelles. Qui est ce Roi de gloire, le Seigneur tout-puissant; ce Seigneur est le Roi de gloire. *Gloria Patri*, etc.

Pour les renvoyer, il faut montrer le Pentacle de Salomon, prononçant ce qui suit.

Voilà votre sentence qui vous défend d'être rebelles à nos volontés, et qui vous ordonne de retourner dans vos demeures. Que la paix soit entre vous et nous, et soyez prêts à revenir toutes les fois qu'on vous appellera pour faire ma volonté.

Conjuration du roi de l'Orient.

Je te conjure et invoque, ô puissant Magoa, Roi de l'Orient, dans mon saint travail de tous les noms de la Divinité, au nom du Tout-puissant, je te fais commandement d'obéir, à ce que tu aies à venir ou m'envoyer N. sans retardement, présentement Masseyel, Asiel, Satiel, Arduel, Acorib, et sans aucun délai, pour répondre à tout ce que je veux savoir et faire ce que je commanderai; ou bien tu viendras toi-même pour satisfaire à ma volonté : et si tu ne le fais, je t'y contraindrai par toute la vertu et la puissance de Dieu.

Le cercle qui suit servira pour la précédente conjuration, et les trois suivantes; lesquelles conjurations se peuvent dire tous les jours et à toutes heures. Si on ne désire parler qu'à un Esprit, on n'en nommera qu'un au choix du lecteur.

Conjuration du roi du Midi.

O Egym! Grand roi du Midi, je te conjure et invoque par les très hauts et saints noms de Dieu, d'agir revêtu de tout ton pouvoir, de venir devant ce cercle, ou envoie-moi présentement Fadal, Nastraché, pour répondre et exécuter toutes mes volontés. Si tu ne le fais, je t'y contraindrai par Dieu même.

Conjuration du roi d'Occident.

O Roi Bayemon! Très fort, qui règnes aux parties occidentales, je t'appelle et invoque au nom de la Divinité, je te commande, en vertu du très haut, de m'envoyer présentement devant ce cercle le N. Passiel, Rosus, avec tous les autres Esprits qui te sont sujets, pour répondre à tout ce que je leur demanderai. Si tu ne le fais, je te tourmenterai du glaive du feu divin; j'augmenterai tes peines et te brûlerai.

Conjuration du roi du Septentrion.

O toi, Amaymon! Roi empereur des parties septentrionales, je t'appelle, invoque, exorcise, et conjure, par la vertu et puissance du Créateur, et par la vertu des vertus, de m'envoyer présentement et sans délai, Madael, Laaval, Bamulhae, Belem, Ramat, avec tous les autres Esprits, qui te sont soumis, en belle et humaine forme : en quelque lieu que tu sois, viens rendre l'honneur que tu dois au Dieu, vivant, véritable et ton créateur. Au nom du Père, du Fils et du St Esprit; viens donc, et sois obéissant devant ce cercle, et sans aucun péril de mon corps ni de mon âme, viens en belle forme humaine, et non point terrible, et t'adjure que tu aies à venir tout maintenant et présentement, par tous les divins noms, Sechiel, Barachiel; si tu ne viens promptement, Balandier, suspensus, iracundus, Origratiumgu, Partus, Olemdemis et Bantatis, N. je t'exorcise, invoque et te fais commandement très-haut, par la toute puissance de Dieu vivant, du vrai Dieu, par la vertu du Dieu saint, et par la vertu de celui qui a dit, et tout a été fait, et par son saint commandement, toutes choses ont été faites, le ciel, la terre, et ce qui est en eux. Je t'adjure par le Père, par le Fils et par le Saint-Esprit, et par la Sainte Trinité, et par le Dieu auquel tu ne peux résister, sous l'empire duquel je te ferai ployer; je te conjure par le Dieu Père, par le Dieu Fils, par le Dieu Saint-Esprit et par la mère de Jésus-Christ, sainte mère et vierge perpétuelle, et par ses saintes entrailles, et par son très sacré lait que le fils du père a sucé; et par son très sacré corps et âme, et par toutes les pièces et membres de cette vierge et par toutes les douleurs, et par toutes les afflictions, labeurs et ressentiments qu'elle a soufferts pendant le cours de sa vie, par tous les sanglots et saintes larmes qu'elle a versées, pendant que son cher fils pleura devant le temps de sa douloureuse Passion, en l'arbre de la croix; par toutes les saintes choses sacrées qui sont offertes et faites, et autres, tant au ciel qu'en la terre, en l'honneur de N. S. J.-C. et de la bienheureuse Marie sa mère, et par tout ce qui est céleste, par l'église militante, en l'honneur de la Vierge et de tous les Saintes, et par la Sainte Trinité, et par tous les autres mystères, et par le signe de la croix, et par le très précieux sang et eau qui coulèrent du côté de J.-C., et par son Annonciation, et par la sueur qui sortit de tout son corps, lorsqu'au jardin des Olives il dit: mon père, si faire se peut, que ces choses passent outre de moi, que je ne boive point le calice de la mort; par sa mort et passion, et par sa sépulture, et par sa glorieuse résurrection, par son ascension, par la venue du Saint-Esprit. Je t'adjure de rechef par la couronne d'épines qu'il porta sur sa tête, par le sang qui coula de ses pieds et de ses mains, par les clous avec lesquels il fut attaché à l'arbre de la

DÉLIVREZ

TETRAGRAMMATON

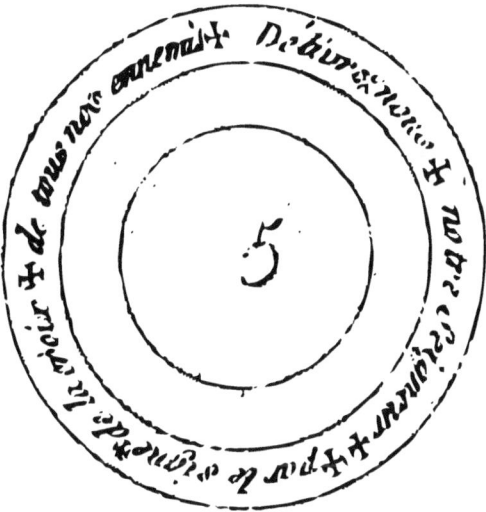

SADAY

5

croix, et par les cinq plaies, par les saintes larmes qu'il a versées, et par tout ce qu'il a souffert volontairement pour nous avec une grande charité; par les poulmons, par le cœur, par le foie et les entrailles, et par tous les membres de N.-S. J.-C.; par le jugement des vivants et des morts, par les paroles évangéliques de N.-S. J.-C., par ses prédications, par ses paroles, par tous ses miracles, par l'enfant enveloppé de linge, par l'enfant qui crie, que la mère a porté dans son très pur et virginal ventre, par les glorieuses intercessions de la vierge mère de N.-S. J.-C.; par tout ce qui est de Dieu et de sa très sainte mère, tant au ciel qu'en la terre; par les saints Anges et Archanges, et par tous les bienheureux ordres des Esprits; par les saints Patriarches et Prophètes, et par tous les saints Martyrs et Confesseurs, et par toutes les saintes Vierges et Veuves innocentes, et par tous les saints et saintes et celui de Dieu. Je te conjure par le chef de St Jean-Baptiste par le lait de Ste Catherine, et par tous bienheureux.

Conjuration pour chaque jour de la semaine.

Pour le lundi à Lucifer. Cette expérience se fait souvent depuis onze jusqu'à douze, et depuis trois heures jusqu'à quatre. Il faudra du charbon, de la craie bénite pour faire le cercle, autour duquel on écrira ce qui suit: je te défends, Lucifer, au nom de la très sainte Trinité, d'entrer dans ce cercle. Il faut avoir une souris pour lui donner: le maître doit avoir une étole et de l'eau bénite, avec une aube et un surplis pour commencer la conjuration allégrement, commander âprement et vivement, comme doit faire le maître à son serviteur, avec toutes sortes de menaces; Satan, Rantam, Pallantre, Lutais, Cricacœur, Scircigreur, je te requiers tréshumblement de me donner.

Conjuration du Lundi à Lucifer.

Je te conjure Lucifer, par le Dieu vivant, par le Dieu vrai, par le Dieu saint, par le Dieu qui a dit, et tout a été fait; il a commandé, et toutes choses ont été faites et créées. Je te conjure par les noms ineffable de Dieu, On, Alpha et Oméga, Eloy, Eloym, Ya, Saday, Lux les Mugiens, Rex, Salus, Adonay, Emmanuel, Messias, et je t'adjure, conjure et t'exorcise par les noms qui sont déclarés par les lettres V, 6, X; et par les noms Jehova, Sol, Agla, Rissasoris, Oriston, Orphitue, Phaton ipreto, Ogia, Spératon, Imagnon, Amul, Penaton, Soter, Tetragrammaton, Eloy, Premoton, Sirmon, Perigaron, Irataton, Plegaton, On, Perchiram, Tiros, Rubiphaton, Simulaton, Perpi, Klarimum, Tremendum, Meray, et par les très hauts noms ineffables de Dieu, Gali, Enga, El, Habdanum, Ingodum, Obu Englabis, que tu aies à venir, ou que tu m'envoies N. en belle humaine forme, sans aucune laideur, pour répondre à la réelle vérité de tout ce

que je lui demanderai, sans avoir pouvoir
de me nuire tant au corps qu'à l'âme, ni à
qui que ce soit.

Pour le Mardi à Nambroth.

Cette expérience se fait la nuit, depuis neuf heures jusqu'à dix : on lui
doit donner la première pierre que
l'on trouve. C'est pour être reçu en dignité
et honneur. On y procédera de la façon du
lundi : on y fera un cercle, autour duquel
on écrira, obéis-moi, Nambroth, obéis-
moi, Nambroth, obéis-moi, Nambroth.

Conjuration.

Je te conjure, Nambroth, et te commande par tous les noms; par lesquels
tu peux être contraint et lié; je t'exorcise, Nambroth, par ton nom, par la vertu
de tous les Esprits, par tous les caractères,
par le Pentacle de Salomon, par les conjurations Judaïques, Grecques et Chaldaïques,

par ta confusion et malédiction, et redou-
blerai tes peines et tourments de jour en
jour à jamais, si tu ne viens maintenant
pour accomplir ma volonté, et être soumis à tout ce que je te commanderai sans
avoir pouvoir de me nuire tant au corps
qu'à l'âme, ni à ceux de ma compagnie.

Pour le Mercredi, à Astaroth.

C ette expérience se fait la nuit, depuis dix heures jusqu'à onze; c'est
pour avoir les bonnes grâces du roi
et des autres. On écrira dans le cercle ce
qui suit: Viens, Astaroth, viens, Astaroth,
viens, Astaroth.

Conjuration.

J e te conjure, Astaroth, méchant Esprit,
par les paroles et vertus de Dieu et par
le Dieu puissant, et par Jésus-Christ
de Nazareth, auquel tous les Démons
sont soumis, qui a été conçu de la Vierge

Marie, par le mystère de l'Ange Gabriel;
je te conjure de rechef au nom du Père
et du Fils, et du St-Esprit, au nom de la
glorieuse Vierge Marie, et de la très sainte
Trinité, en l'honneur de laquelle tous les
Archanges, les trônes, les Dominations, les
Puissances, les Patriarches, les Prophètes,
les Apôtres et les Evangélistes chantent
sans cesse : St, St, St, le Seigneur Dieu des
armées, qui a été qui est, qui viendra comme fleuve de feu ardent, que tu ne négliges
pas mes commandements, et que tu ne refuses de venir. Je te commande par celui
qui viendra tout en feu juger les vivants et
les morts, auquel est dû honneur, louange
et gloire; viens donc promptement, obéis
à ma volonté; viens donc rendre louange
au vrai Dieu, au Dieu vivant, et à tous ses
ouvrages, et ne manque pas de m'obéir et
rendre honneur au Saint-Esprit; c'est en
son nom que je te commande.

Pour le Jeudi à Acham.

Cette expérience se fait la nuit depuis trois heures jusqu'à quatre, en laquelle on l'appelle, et paroît en forme de Roi. Il faut lui donner un peu de pain, afin qu'il parte : c'est pour rendre l'homme heureux, et aussi pour les trésors. On écrira autour du cercle ce que suit :

Par le Dieu Saint, par le Dieu Saint, par le Dieu Saint, ou un autre cercle dans ce premier, dans lequel sera écrit : Adonay nasim pin 7. 7. H. M. A.

Conjuration.

Je te conjure, Acham, par l'image et ressemblance de J.-C. notre Seigneur, qui, par sa mort et passion a racheté le genre humain. Qui veut que par sa providence tu sois ici présent maintenant. Je te commande par tous les Royaumes de Dieu. Agis; je t'adjure et te contrains par son Saint Nom, par celui qui a marché sur l'aspic, qui a écrasé le lion et le dragon, que

tu aies à m'obéir et faire mes commandements, sans avoir pouvoir de me nuire, ni
au corps ni à l'âme, ni à qui que ce soit.

Pour le Vendredi à Bechet.

Cette expérience se fait la nuit, depuis onze heures jusqu'à douze; il
faut lui donner une noix. On écrira
dans le cercle :

Viens Bechet, viens Bechet, viens
Bechet.

Conjuration.

Je te conjure, Bechet, et te contrains
de venir à moi; je te conjure de rechef
par les très saint nom de Dieu, Eloy,
Adonay, Eloy, Agla, Samalabactany, qui
sont écrits en Hébreu, Grec et Latin, par
tous les sacrements, par tous les noms écrits
dans ce livre, et par celui qui t'a chassé du
haut du ciel. Je te conjure, commande, par
la vertu de la très Sainte-Eucharistie, qui a

racheté les hommes de leurs péchés, que sans aucun délai tu viennes pour faire et parfaire tous mes commandements, sans aucune lésion de mon corps ni de mon âme, ni faire tort à mon livre, ni à ceux qui sont ici avec moi.

Pour le Samedi à Nabam.

Cette expérience se fait de nuit, depuis onze heures jusqu'à douze, et sitôt qu'il paroît, il lui faut donner du pain brûlé, et lui demander ce qui vous plaira, il vous obéira sur le champ. On écrira dans son cercle :

N'entre pas, Nabam; n'entre pas, Nabam, n'entre pas, Nabam.

Conjuration.

Je te conjure, Nabam, au nom de Satan, au nom de Béelzébut, au nom d'Astaroth, et au nom de tous les autres Esprits, que tu aies à venir vers moi : viens donc à moi, au nom de Satan et de tous les autres démons; viens donc à moi, lorsque je te commande au nom de la très-sainte Trinité; viens sans me faire aucun mal, sans lésion, tant de mon corps que de mon âme, sans me faire tort de mes livres, ni d'aucune chose dont je me sers. Je te commande de venir sans délai, ou que tu aies à m'envoyer un autre Esprit qui ait la même puissance que toi, qui accomplisse mes commandements, et qu'il soit soumis à ma volonté, sans que celui que tu m'enverras, si tu ne viens pas toi-même, ne s'en aille point sans mon consentement, et qu'il n'ait accompli ma volonté.

Pour le Dimanche à Aquiel.

Cette expérience se fait la nuit, depuis onze heures jusqu'à une. Il demandera un poil de votre tête; il faut lui en donner un comme du renard; il faut qu'il le prenne: c'est pour trouver et

lever tous les trésors, et se que vous voudrez. On écrira dans son cercle :

Tetragrammaton, 3. Ismael, Adonay,
Ilma.

Et dans un second cercle :

Viens, Aquiel; viens, Aquiel; viens,
Aquiel.

Conjuration.

Je te conjure **Aquiel**, par tous les noms
écrits dans ce livre, que sans délai et
promptement, tu sois ici tout prêt à
m'obéir, ou que tu m'envoies un Esprit
qui m'apporte une pierre, avec laquelle,
lorsque je la porterai, je ne sois vu de personne, quel qu'il soit, et je te conjure que
tu te trouves soumis à celui que tu m'enverras, ou ceux que tu m'auras envoyé, à
faire et accomplir ma volonté, et tout ce
que je commanderai, sans nuire ni à moi,
ni à qui que ce soit, afin que tu saches ce
que je veux.

Conjuration, très forte pour tous les jours et à toute heure, tant de jour que de nuit, pour les trésors cachés, tant par les hommes que par les Esprits, pour les avoir ou les faire apporter.

Je vous commande, Démons; qui résidez en ces lieux, ou en quelque partie du monde que vous soyez, et quelque puissance qui vous ait été donnée de Dieu et des Saints Anges sur ce lieu même, et de puissante principauté des abîmes d'enfer, et de tous vos confrères, tant en général que spécial démons, de quelques ordres que vous soyez, demeurant tant d'Orient, Occident, Midi, et Septentrion, et dans tous les côtés de la terre, par la puissance de Dieu le Père, par la sagesse de Dieu le Fils, par la vertu du Saint-Esprit, et par l'autorité qui m'est donnée de N.-S. J.-C. l'unique Fils du Tout-Puissant et Créateur, qui nous a créés de rien et toutes les créatures, qui fait que vous n'avez pas la puissance de garder, d'habiter et demeurer en

ce lieu, par qui je vous contrains et commande, que bon gré, mal gré, sans nulle
fallace ni tromperie, vous me déclariez
vos noms, et que vous me laissiez la paisi-
ble puissance de cette place, et de quelque
légion que vous soyez, et de quelle partie
du monde que vous soyez, et quelle partie
du monde que vous habitiez, de la part de
la très sainte Trinité et par les mérites de
la très sainte heureuse Vierge et de tous
les Saints, je vous déchaîne tous, Esprits
qui habitez ce lieu, et je vous envois au
plus profond des abîmes infernales. Ainsi;
allez, tous maudits Esprits, et damnés au
feu éternel qui vous est préparé, et à tous
vos compagnons, si vous m'êtes rebelles
et désobéissants; je vous conjure par la
même autorité, je vous exhorte et appelle,
je vous contraints et commande, par toutes
les puissances de vos supérieurs Démons,
de venir obéir et répondre positivement à
ce que je vous ordonnerai au nom de J.-C.,
que si eux ou vous n'obéissez promptement, et sans délai, j'augmenterai en bref
vos peines en enfer pour mille ans; je vous

contrains donc de paroître ici en belle forme humaine, par les très saints noms de
Dieu, Hain Lon, Hilay, Sabaoth, Helim,
Radiaha, Ledieha, Adonay, Jehova, Ya,
Tetragrammaton, Saday, Massias, Agios,
Ischyros, Emmanuel, Agla, Jesus qui est
Alpha et Omega, le commencement et la
fin, que vous fussiez dans le feu justement
établi, afin que de rechef vous n'ayez
aucune puissance de résider, d'habiter,
ni demeurer en ce lieu, et vous demande
ce que vous ferez par et vertu des susdits
noms, et que St-Michel Ange vous envoie
au plus profond du gouffre infernal, au
nom du Père et du Fils, et du Saint-Esprit.
Ainsi soit-il.

Je te conjure, Acham, ou qui que tu
sois, par les très saints noms de Dieu,
par Malhame, Jac, May, Mabron, Jacob,
Desmedias, Eloy, Aterestin, Janastardy,
Finis, Agios, Ischyros, Otheos, Athanatos,
Agla, Jehova, Homosion, Aja, Messier,
Sother, Christus vincit, Christus regnat,
Christus imperat, Increatur Spiritus sanc-
tus.

Je te conjure, Cassiel, ou qui que tu sois, par tous les noms susdits, avec puissance et en t'exorcisant. Je te recommande par les autres susdits noms du très-grand créateur qui te sont communiqués, et qui le seront encore ci-après, afin que tu écoutes tout incontinent, et dès à présent, mes paroles, et que tu les observes inviolablement comme des sentences du dernier jour tremblant du jugement auquel il faut que tu m'obéisses inviolablement; et ne pense pas me rebuter à cause que je suis un pêcheur, mais sache que tu rebutes les commandements du très haut Dieu. Ne sais-tu pas que tu perds tes forces devant ton créateur et le nôtre? C'est pourquoi, pense à ce que tu refuses; d'autant que me promettant et jurant par ce dernier jour tremblant du jugement, et par celui qui a tout créé d'une seule parole, auquel toutes créatures obéissent, P. *par sedem Baldarcy et per gratiam et diligentem tuam habuisti ab eo hanc nalatimanamilam,* afin que je te demande.

Recueil des plus rares secrets
de l'Art Magique, pour voir les
Esprits dont l'air est rempli.

Prenez la cervelle d'un coq, de la poudre du sépulcre d'un homme mort, c'est-à-dire, de la poussière qui touche le coffre, de l'huile de noix, de la cire vierge; faites du tout une composition, que vous envelopperez dans du parchemin vierge, dans lequel sera écrit ces deux mots: Gomert Kailoeth, avec le suivant caractère; brûlez le tout, et vous verrez des choses prodigieuse: mais ceci ne doit être fait que par des gens qui n'ont peur de rien.

Pour faire venir trois Demoiselles ou
trois Messieurs dans sa chambre,
après souper.

Préparation.

Il faut être trois jours sans tirer de mercure, et vous lèverez : le quatrième,
vous nettoierez et préparerez votre
chambre dès le matin, sitôt que vous serez habillé, le tout à jeun, et vous ferez en
sorte qu'on ne la gâte point dans le reste
de la journée, et vous remarquerez qu'il
faut qu'il n'y ait rien de pendu ou de cro-
ché, comme tapisseries, habits, chapeaux,
cages à oiseaux, rideaux de lit, etc., et surtout mettez des draps blancs à votre lit.

Cérémonie.

A la fin du souper, vas secrètement
à ta chambre, préparée comme
dessus; fais bon feu; mets une
nappe blanche sur la table, trois chaises autour, et vis-à-vis des sièges, trois pains de

froment, et trois verres pleins d'eau claire
et fraîche; puis mets une chaise ou un fauteuil à côté de ton lit, ensuite couche-toi,
et dis les paroles suivantes :

Conjuration.

BESTICIRUM confolatio veni ad
me vertu Creon, Creon, Creon,
cantor Laudem omnipotentis et
non commentur. Star superior carta bient
Laudem omviestra principiem da mon-
tem et inimicos meos ô prostantis vobis et
mihi dantes quo passium fieri sui cisibilis.

Les trois personnes étant venues, s'as-
soiront auprès du feu, buvant, mangeant
et puis remercieront celui ou celle qui les
aura reçus : car si c'est une Demoiselle
qui fait cette cérémonie, il viendra trois
Messieurs; et si c'est un homme, il viendra trois Demoiselles. Ces trois personnes
tireront au sort entr'elles, pour savoir celle
qui demeurera avec soi : elle se mettra dans
le fauteuil ou la chaise que tu leur auras
destinée, auprès de ton lit, et elle restera

à causer avec toi jusqu'à minuit; et à cette heure, elle s'en ira avec ses compagnes, sans qu'il soit besoin de les renvoyer. A l'égard des deux autres, elles se tiendront auprès du feu pendant que l'autre t'entretiendra; et pendant qu'elle sera avec toi, tu peux l'interroger sur tel art ou telle science, et telle chose que tu voudras; elle te rendra sur le champ réponse positive. Tu peux aussi lui demander si elle sait quelque trésor caché, et elle t'enseignera le lieu, la place, et l'heure commode pour le lever, même s'y trouvera avec ses compagnes pour te défendre contre les atteintes des Esprits infernaux qui pourroient en avoir la possession; et en partant d'auprès de toi, elle te donnera un anneau, qui te rendra fortuné au jeu en le portant à ton doigt; et si tu le mets au doigt d'une femme ou fille, tu en jouiras sur le champ.

Nota. — Que tu dois laisser la fenêtre ouverte, afin qu'elle puisse entrer. Tu pourras répéter cette même cérémonie tant de fois que tu voudras.

Pour faire venir une fille vous
trouver, si sage soit-elle: expérience
d'une force merveilleuse, des
Intelligences supérieures.

Il faut remarquer au croissant, ou au
décours de la lune, une étoile très
brillante entre onze heures et minuit;
mais avant de commencer, faites ce qui
suit.

Prenez du parchemin vierge, écrivez
dessus le nom de celle que vous voulez
faire venir. Il faudra que le parchemin soit
taillé de la façon représentée, ligne première de la présente figure.

Les deux NN. marque la place des
noms. De l'autre côté, vous écrirez ces
mots : *Machidael Bareschas*; puis vous mettez le parchemin par terre, le nom de la
personne contre terre, le pied droit dessus
et le genou gauche à terre; lors regardant
la plus brillante étoile, faut en main droite
une chandelle de cire blanche qui puisse
durer une heure; vous direz la salutation
suivante.

1

N·N

2

AGLA ✚ ADONAY ✚ JEHOVA

3

OTTO ✚
GRABATTO

CONSUMMATUM
EST
△ △ △
DEUS EST IGNIS
CONSUMENS

Conjuration.

Je vous salue, et conjure, ô belle lune et belle étoile, ainsi que la brillante lumière que je tiens a la main, par l'air qui est en moi, et par la terre que je touche. Je vous conjure, par tous les noms des Esprits Princes qui président en vous, par le nom ineffable *On*, qui a tout créé, par toi bel Ange Gabriel avec le Prince Mercure, Michael et Melchidael. Je vous conjure de rechef par toutes les appellations de Dieu que vous envoyiez obséder, tourmenter, travailler le corps, l'Esprit, l'âme et les cinq sens de N. dont le nom est écrit ci-dessous; de sorte qu'elle vienne vers moi et accomplisse ma volonté, qu'elle n'ait d'amitié pour personne du monde, en particulier pour N. tant qu'elle sera indifférente envers moi. Qu'elle ne puisse durer, qu'elle soit obsédée, qu'elle souffre et soit tourmentée. Allez, donc, promptement Melchidael, Bareschas, Zazel, Tiriel, Malcha et tous ceux qui sont sous vos ordres. Je vous conjure, par le

grand Dieu vivant, de l'envoyer promptement pour accomplir ma volonté. Moi N.
je promets de vous satisfaire.

Après avoir prononcé trois fois cette
conjuration, mettez la bougie sur le parchemin et la laissez se consumer. Le lendemain, prenez ledit parchemin et le mettez dans votre soulier gauche, et l'y laissez
jusqu'à ce que la personne pour laquelle
vous avez opéré soit venue vous trouver.
Il faut spécifier dans la conjuration, le jour
que vous souhaitez qu'elle vienne, et elle
n'y manquera pas.

Pour gagner au jeu.

Cueillez la veille de Saint Pierre,
avant le soleil levé, l'herbe appel-
lée Morsus Diaboli; mettez-la une
journée sur la pierre bénite, ensuite, faites-
la sécher, mettez-la en poudre et la portez
sur vous. Pour la cueillir, il faut faire le de-
mi-cercle, avec les noms et croix marquée à
la seconde ligne de la planche ci-dessous.

Pour éteindre le feu d'une cheminée.

Faites sur la cheminée, avec un charbon, les caractères et mots de la troisième ligne de la planche ci-devant, et prononcez trois fois les paroles : In hoc vince Adonay.

Pour se rendre invisible.

On commence cette opération un mercredi, avant le soleil levé, étant muni de sept fèves noires, puis on prend une tête de mort; on met une fève dans la bouche, deux autres dans les narines, deux autres dans les yeux, et deux dans les oreilles : on fait ensuite sur cette tête le caractère de la présente figure ligne 1, puis on enterre cette tête la face vers le ciel; arrosez-la pendant neuf jours avec d'excellente eau-de-vie, le matin lorsque soleil levé. Au huitième jour, vous y trouverez l'Esprit ajourné, qui vous demandera que fais-tu là? Vous lui répondrez, j'arrose ma plante. Il vous dira, donne-moi cette bouteille, je l'arroserai moi-même; vous lui répondrez que vous ne voulez pas. Il vous la redemandera encore; vous la lui refuserez, jusqu'à ce que, tendant la main, vous lui verrez dedans la figure semblable à celle que vous avez faite sur la tête, qui sera pendante au bout de ses doigts. En ce cas, vous devez être assuré que c'est bien l'Esprit véritable de la tête : car quelqu'autre vous pourroit surprendre, dont il vous arriveroit du mal et votre opération deviendroit infructueuse. Quand vous aurez donné votre fiole, il arrosera lui-même et vous en irez. Le lendemain, qui est le neuvième jour, vous y retournerez; vous y trouverez vos fèves mûres; vous les prendrez; vous en mettrez une dans votre bouche, puis vous vous regarderez dans un miroir; si vous ne vous y voyez pas, elle sera bonne. Vous en ferez de même de toutes les autres; ou les éprouvant dans la bouche d'un enfant, toutes celles qui ne vaudront rien doivent être enterrées où est la tête.

Pour avoir de l'or et de l'argent, ou main de gloire.

Arrachez le poil, avec sa racine, d'une jument en chaleur, le plus près de la nature, disant : Dragne, Dragne. Serrez ce poil; allez aussitôt acheter un pot de terre neuf avec son couvercle, sans marchander. Retournez chez vous; emplissez ce pot d'eau de fontaine, à deux doigts près du bord; mettez ledit poil dedans, couvrez le pot, mettez-le en lieu que vous ni autres ne le puissent voir, car il y auroit du danger. Au bout de neuf jours, et à la même heure que vous l'avez caché, vous irez le découvrir; vous y trouverez dedans un petit animal en forme de serpent. Il se dressera debout; vous lui direz aussitôt, j'accepte le pacte. Cela fait, vous le prendrez sans le toucher de la main; vous le mettrez dans une boîte neuve achetée exprès sans marchander : vous y mettrez du son de froment, point autre chose; mais il ne faut pas manquer de lui en donner tous les jours; et quand vous voudrez avoir de l'argent ou de l'or, vous en mettrez dans la boîte autant comme vous en voulez avoir, et vous vous couche-rez sur votre lit, mettant votre boîte près' de vous : dormez, si vous voulez, trois ou quatre heures. Au bout de ce temps, vous trouverez le double d'argent que vous y aurez mis; mais il faut prendre garde de remettre le même.

Notez que la petite figure, ligne secon-de, ne vient que par la force du charme; ainsi vous ne pouvez pas lui mettre plus de 100 liv. à la fois. Mais si votre planète vous donne ascendant sur les choses sur-naturelles, le serpent sera de la façon de la seconde figure de la même ligne que ci-dessus; c'est-à-dire qu'il aura un visage approchant de la figure humaine, et vous pourrez lui mettre jusqu'à 1000 liv.; tous les jours vous en retirerez le double. Si on vouloit s'en défaire, on peut le donner à qui l'on voudra, pourvu qu'il l'accep-te, mettant la figure que l'on a avec une croix, à la ligne faite faite sur du parchemin vierge dans la boite, ou, au lieu de son ordinaire de froment qu'on lui donne communément, faudra lui donner du son sorti de la farine dont un Prêtre aura dit sa première Messe, et il mourra; surtout n'oubliez aucune circonstance, car il n'y a point de raillerie à cette affaire.

Jarretière.

Sors de ta maison à jeun, marche à ta gauche tant que tu aies trouvé un marchand de rubans, achètes-en une aune de blanc; paie ce que l'on te demandera, et laisse tomber un liard dans la boutique, retourne chez toi par le même chemin; le lendemain fais de même jusqu'à ce que tu aies trouvé un marchand de plumes; achètes-en une taillée, de même que tu as acheté le ruban; et quand tu seras au logis, écris avec ton propre sang sur le ruban les caractères de la troisième ligne, c'est la jarretière droite blanche ci-dessus; ceux de la quatrième sont pour la gauche : quand cela sera fait, sors de ta maison; le troisième jour, porte ton ruban et ta plume; marche à gauche, jusqu'à ce que tu trouves un pâtissier ou un boulanger; achète un gâteau ou un pain de deux liards; va au premier cabaret, demande demi-setier, fais rincer le verre trois fois par la même personne, romps en trois le gâteau ou le pain; mets les trois morceaux dans le verre avec le vin, prends le premier morceau et le jette sous la table, sans y regarder, disant Irly; pour toi; prends ensuite le second morceau et le jette, disant Terly. Pour toi; écris de l'autre côté de la jarretière le nom de ces deux Esprits avec ton sang; jette le troisième morceau, disant Eirly, pour toi, jette la plume, bois le vin sans manger, paie l'écot et t'en va. Etant hors de la ville, mets tes jarretières; prends garde de te méprendre, de ne pas mettre celle qui est pour la droite à la gauche, cela est conséquence: frappe trois fois du pied contre terre, en réclamant les noms des Esprits: Irly, Terly, Erly, Balthazar, Melchior, Gaspard, marchons; puis fais ton voyage.

1

2

3

* GASPARD   * MELCHIOR

MALHA  KARD

* BALTASARD   * MELEHIOR

GAS  PARD

Pour être dur contre toutes sortes d'armes.

Prenez de l'eau bénite de Pâques et de la fleur de froment; faites une pâte de cela, et vous trouvez au trépas de quelqu'un qui meurt de mort violente, comme d'un pendu, ou autre justicié; approchez le plus près de lui que vous pourrez, et sans rien dire, mettez votre pâte à l'air; puis quand vous jugerez qu'il passe, conjurez son Esprit de venir s'enfermer dans votre pâte, pour vous défendre contre toutes sortes d'armes : retournez chez vous, et faites des petites boules; entortillez-les dans du parchemin vierge, où il y ait écrit ce qui suit: 1. u, n., 1. a. Fau, 1. Moot, et Dorhort. Amen. Il faut avaler ces boules.

Il faut dire, en faisant les boules, cinq fois *Pater*, et cinq fois *Ave*, etc.

Nota. — Que le nombre de ces boules est arbitraire, et qu'on écrit les caractères précédens sur un seul morceau de parchemin vierge, que l'on partage en autant de parties que l'on fera de boulettes. Il faut nommer le nom de baptême du patient dans la conjuration.

Conjuration au Soleil.

Prenez un papier faites-y un trou, regardez par icelui vers le soleil levant, disant: je te conjure, Esprit solaire, de la part du grand Dieu vivant, que tu aies à me faire voir N.; puis continuez ainsi: *anima mea turbata est valde; sed tu, Domine, usquequo*; répétez trois fois.

Pour faire venir une personne.

Fagot brûle le coeur, le corps, l'âme, le sang, l'esprit, l'entendement N. par le feu, par le ciel, par la terre, par l'arc-en-ciel, par Mars, Mercure, Vénus, Jupiter, Feppé, Feppé, Feppé, Elera, et au nom de tous les Diables, Fago, possede, brûle le coeur, le corps, l'âme, le sang, l'esprit, l'entendement N. jusqu'à ce qu'il vienne accomplir tous mes désirs et volontés. Va en foudre et en cendre, et en tempête, Santos, Quisor, Carracos, Arné, Tourne, qu'il ne puisse dormir, ni en place demeurer, ni faire, ni manger, ni rivière passer, ni à cheval monter; ni homme, ni femme, ni fille parler jusqu'à ce qu'il soit venu pour accomplir tous mes désirs et volontés.

Pour faire danser une fille nue.

Ecrivez sur du parchemin vierge, le premier caractère de la présente figure, avec le sang de sang de chauve-souris, puis la mettez sur la pierre bénite, pour qu'une Messe soit dite dessus. Après quoi, quand vous voudrez vous en servir, placez ce caractère sous le seuil de la porte où doit passer la personne. A peine aura-t-elle fait ce trajet que vous la verrez entrer en fureur, se déshabillant toute nue, et dansera jusqu'à la mort, si

l'on n'ôte pas le caractère, avec des grima-
ces et contorsions qui feront plus de pitié
que d'envie.

Pour voir la nuit dans une vision, ce que vous désirez savoir de passé ou de l'avenir.

Les deux NN. que vous voyez dans le petot rond de la présente sec-onde figure, marque la place où il faut mettre votre nom; et pour savoir ce que vous désirez, écrivez les noms qui sont dans le cercle sur du parchemin vi-erge, le tout avant de dormir, et le mettez sur votre oreille droite, vois couchant, dis-ant trois fois l'oraison suivante.

Oraison.

Au glorieux nom du grand Dieu vivant, auquel, de tous temps, toutes choses lui sont présentes, moi qui suis votre serviteur N. Père Eter-

nel, je vous supplie de m'envoyer vos Anges qui sont écrits dans le cercle, et qu'ils
me montrent ce que je suis curieux de
savoir et apprendre par J.-C. N.-S. Ainsi
soit-il.

Votre oraison finie, couchez-vous sur
le côté droit, et vous verrez en songe ce
que vous désirez.

Pour éclouer.

Allez dans un cimetière, ramassez-y
des clous de vieille bière, disant :
cloux, je te prends afin que tu me
serves à détourner et faire mal à toute personne que je voudrai ; au nom du Père, du
Fils et du St.-Esprit. Amen.

Quand vous voudrez vous en servir,
vous remarquerez l'impression du pied, et
ferez les figures troisièmes de la planche
ci-dessous ; fichez le clou au milieu, disant,
Pater noster, jusqu'à *in terra*. Frappez sur le
clou avec une pierre, disant : que tu fas-
ses mal à N. jusqu'à ce que je te tire de là.

Recouvrez l'endroit avec un peu de poudre et le bien remarquer; car on ne peut
guérir le mal que cela cause, qu'en tirant
le clou, et disant: je te retire, afin que le
mal cesse que tu as causé à N.; au nom
du Père, du Fils et du St.-Esprit. Amen.
Puis tire le clou, et efface les caractères,
non pas de la même main qu'on les a faits,
mais avec l'autre; car il y aurait du danger
pour le maléficiant.

Pour empêcher une personne de
dormir toute la nuit, et faire qu'il ne
repose point qu'il ne vous ait parlé,
encore qu'il vous voulût un mal
mortel, et qu'il fût bien loin de vous.

La nuit dont vous voudrez faire ce
secret, couchez-vous le dernier de
la maison; avant de vous mettre au
lit, vous aurez préparé du feu au foyer, et
particulièrement qu'il y ait un tison de bois
allumé, étant contre la cheminée, vous
mettez la pomme de la main gauche dans

I

2

3

un endroit de la cheminée, qu'il soit noir et fumé, la tenant fermée et ouverte, vous direz par sept fois ces paroles, *cinque furono li appicati, linque, linque furono li tana liati vi scongiro per Béelzebut che linque vi fate ache date a tormentar il cuore et le visuere* (d'un tel N. ou d'une telle) pour mon amour. Amen. Après les avoir dites sept fois, enfoncez le tison bien avant dans les braises, et battez trois fois de la pomme de la main contre le noir de la cheminée, et couvrez votre feu de cendres, et vous allez coucher; vous verrez que celui ou celle à l'intention duquel vous l'aurez fait, ne pourra vivre ni durer jusqu'à ce qu'il vous ait rendu satisfaction de ce que vous désirez. Celui-ci est un des rares secrets que la Nécromancie ait inventé.

Pour sembler être accompagné de plusieurs.

Prenez une poignée de sable, et la conjurez ainsi: Anachi, Jehova, Hælersa, Azarbel, rets caras sapor aye pora cacotamo lopidon ardagal margas poston eulia buget Kephar, Solzeth Karne phaca ghedolos salesetata. Mets le sable ainsi conjuré dans une boîte d'ivoire, avec la peau d'un serpent tigre en poudre. Puis jetez-le en l'air, disant la conjuration, et il paraîtra autant d'hommes qu'il y a de grains de sable, au jour et heure que le soleil est au signe de M. la Vierge.

Pour n'être blessé d'aucune arme.

Dites tous les matins: je me lève au nom de J.-C. qui a été crucifié pour moi: Jesus me veuille bénir; Jesus me veuille conduire; Jesus me veuille bien garder; Jesus me veuille bien gouverner et conduire à la vie éternelle, au

nom du Père, et du Fils, et du Saint-Esprit.
Les faut dire trois fois en se couchant, en
se levant. On écrira sur l'épée ou l'arme
dont on voudra se servir ce qui suit : Ibel,
Ebel, Abel.

Pour jouir de celle que tu voudras.
Secret du Père Girard.

Sois trois jours sans extraire de mercure avant que d'avaler une muscade;
le quatrième jour, à jeun, tu diras; à
Dieu, le *torum cultin, cultorum, bultin bulto-
tum*, approche-toi de moi, ma compagne.
Il faut avaler la muscade, en disant : approche, etc. Cela fait, quand vous irez à
la selle, ne vous embarrassez point de la
muscade. Ce secret sert toute la vie sans
être obligé de réitérer. On doit seulement
dire les trois derniers mots en soufflant au
nez, ou en embrassant toutes celles dont
on voudra être aimé.

Pour faire rater une arme.

Prenez une pipe de terre, neuve et garnie de son couvre-feu en laiton, remplissez-la de racine de Mandragore en poudre, puis soufflez par le tuyau en prononçant en vous même : Abla, Got, Bata, Bata, Bleu.

Contre la pleurésie.

Faites infuser sur un bain de sable, pendant deux heures ; dans une chopine de bon vin blanc, dix à douze crottes de nouvelle fiente de cheval, d'âne ou de mulet ; ayant coulé et exprimé à chaud cette liqueur, versez-la dans un verre au fond duquel vous aurez écrit à l'avance, Dia, Bix, On, Dabulh, Cherih ; buvez-la dans un lit bien couvert, et le lendemain vous serez guéri.

Contre les fièvres.

Avalez un billet où soit écrit ce qui suit, trois jours de suite; Agla, Garnaze, Eglatus, Egla.

Pour arrêter une perte de sang.

Ecrivez avec le sang, INRI, sur un papier, et l'appliquez au front, ou écrivez : *Corsummatum est.*

Contre un coup d'épée.

Avant d'aller vous battre, écrivez sur un ruban, de n'importe quelle couleur : *Buoni jacum*, je n'ai que faire de toi. Serrez-vous le poignet droit avec ce ruban; soyez sans crainte, défendez-vous, et l'épée de votre ennemi ne vous touchera point.

Pour quand on va à une action

Dites cinq *Pater* et cinq *Ave* en l'honneur des cinq plaies de N.-S.; ensuite dites trois fois, je m'en vais dans la chemise de Notre-dame; que je sois enveloppé des plaies de mon Dieu, des quatre couronnes du ciel, de Monsieur St. Jean l'Evangéliste, St.-Luc, St.-Matthieu et St.-Marc; qu'ils me puissent garder; que ni homme, ni femme, ni plomb, ni fer, ni acier, ne me puissent blesser, tailler, ni mes os briser, à Dieu paix. Et quand on a dit ce que dessus, il faut avaler les mots suivants; *Est principio, est in principio, est in verbum, Deum et tu phantu.* C'est pour vingt-quatre heures.

Pour éteindre le Feu.

Dites : Grand feu ardent, je te conjure de la part du grand Dieu vivant, de perdre ta couleur comme Judas, quand il trahit notre Seigneur le jour du grand Vendredi; au nom du Père, et du Fils, et du St.-Esprit. On le répète trois fois, donnant un coup de pied ou de poing, et on jette sur le feu, le plus de paille coupée et fortement mouillée qu'on peut se procurer.

Contre la Brûlure.

Feu, perds ta chaleur, comme Judas perdit sa couleur, quand il trahit Notre Seigneur au Jardin des Olives. On le prononce trois fois sur la brûlure, envoyant à chaque fois une respiration contre.

Contre le mal de tête.

Prenez du poivre noir en poudre, mêlez-le avec de la bonne eau-de-vie pour en faire une espèce de bouillie, formez-en un bandeau, que vous vous appliquerez sur le front en prononçant trois fois, les mots : Millant, Vah, Vitalot; et trois fois *Pater*.

Contre le Flux.

Il faut boire à jeun, trois jours de suite, quatre onces de suc de plantain dé-puré, et dire chaque fois, ce qui suit :

J'ai entré au Jardin des Olives, j'ai rencontré Ste-Elizabeth; elle causa le flux de son ventre; le flux du ventre de N. Est arrêté. Il faut dire trois fois *Pater*, et trois fois *Ave*, en l'honneur de Dieu et de Monsieur St.-Jean, à genou devant le malade, le faisant coucher du côté droit. Répétez trois fois pour le malade, trois fois pour vous, il sera guéri.

Pour empêcher de manger à Table.

Plantez sous la table une aiguille qui ait servi à ensevelir un mort, et qui ait entré dans la chair, puis dites,

Coridal, Nardac, Degon. Ensuite vous mettrez un morceau d'Assa fœtida, sur un charbon brûlant, et vous vous retirerez.

Pour éteindre le Feu.

Dites trois fois les paroles suivantes, faites le signe de la croix; Anania, Anassia, Emisael, *libera nos Domine.*

Pour empêcher la Copulation.

Pour cette expérience, faut avoir un canif neuf, puis, par un samedi, vous écrivez avec la pointe, derrière la porte de la chambre où couchent les personnes; *Consummatum est,* et rompez la pointe du canif dans la porte.

Pour le Jeu.

Cueillez du trèfle à quatre ou cinq feuilles, faisant dessus un signe de croix, puis, dites : trifle ou trèfle large, je te cueille au nom du Père, et du Fils, et du St-Esprit, par la virginité de la Ste-Vierge, par la virginité de St.-Jean-Baptiste, par la virginité de St.-Jean l'Evangéliste, que tu aies à me servir à toutes sortes de jeux. Il faut dire cinq *Pater* et cinq *Ave*, puis on continue, El, Agios, Ischyros, Athanatos. Vous enfermerez ce trèfle dans un sachet de soie noire que vous porterez comme un scapulaire chaque fois que vous jouerez. Hors de ce temps, il faut avoir soin de le serrer soigneusement.

Pour arrêter un serpent.

Jetez après lui, un morceau de papier trempé dans une dissolution d'alun, et sur lequel vous aurez écrit avec du sang de chevreau : Arrête, belle, voilà un gage. Puis faites siffler devant lui, une baguette d'osier : s'il est touché de cette baguette, il mourra sur-le-champ, ou il fuira promptement.

Pour empêcher un chien de mordre ou d'aboyer.

Dites trois fois, regardant le chien, l'arc barbare, le coeur se fend, la queue se pend, la clef de St.-Pierre te ferme la gueule jusqu'à demain.

Contre la Teigne.

Dites pendant dix jours ce qui suit: Saint-Pierre sur le pont de Dieu s'assit; Notre-dame de Caly y vint, et lui dit: Pierre, que fais-tu là? Dama, c'est pour le mal de mon chef que je me suis mis là. St.-Pierre, tu te lèveras; à St.-Agert tu t'en iras; tu prendras du saint onguent des plaies mortelles de Notre Seigneur; tu t'en graisseras, et tu diras trois fois; *Jesus Maria*. Il faut faire trois signe de la croix sur la tête.

Pour le jeu de Dés.

Dés, je te conjure au nom d'Assizer et de Rassize, qu'ils viennent rafle et raflée aux noms d'Assia et de Longrio. Notez bien qu'il faut que vous soyez porteur du scapulaire formé de feuilles de trèfle, comme il est dit avant.

Pour faire sortir une arête de la gorge.

On se sert d'un poireau de médiocre grosseur dont on a retranché les racines ou filaments. A cet effet, on le trempe dans l'huile à salade, et on l'introduit dans le gosier à plusieurs reprises, s'il le faut, en prononçant ces pa-

roles : Blaise, martyre et serviteur de Jésus-Christ, je te commande que tu montes
ou que tu dévales.

Pour marcher sans se lasser.

Ecrivez sur trois rubans de soie,
Gaspard, Melchior, Balthazar.
Attachez l'un de ces rubans au-
dessus du genou droit, sans le serrer; le
second au-dessus du genou gauche, et le
troisième autour des reins. Avalez avant
de vous mettre en marche un petit verre
d'anis dans du bouillon ou dans un verre
de vin blanc, et frottez-vous les pieds avec
de la rhue écrasée dans de l'huile d'olive.

Pour gagner à tous les Jeux.

Ecrivez sur du parchemin vierge les
mots et croix qui suivent. † Ibel †
Laber † Chabel † Habet † Rabel.
Il le faut porter sur vous.

Pour éviter de souffrir à la Question.

Avalez un billet où soit écrit ce qui suit de votre propre sang; Aglas, Aglanos, Algadenas, Imperieque-ritis, *tria pendent corpora tamis dis meus et gestas in medio et divina potestas dimeas clamator, sed jestas ad astra levatur,* ou bien Tel, Bel, Quel, Caro, Mon, Aqua.

Secrets et contre-charmes, par Guidon, Praticien dans les guérisons par voie occulte.

Les secrets qui vont suivre sont aussi sûrs qu'immanquables : Guidon, qui les pratique journellement, a fait, par leur moyen, des cures qui prouvent qu'on est hors d'état d'en pouvoir douter. Tout le pays de Caux et la Normandie en sont convaincus : il fait ses expériences en public comme en particulier; guidé par un zèle de charité, il entreprend, avec le même courage, l'indigent comme l'opulent; par ce moyen, il s'est acquis l'estime et la protection de ce qu'il y a de gens respectables à sa connoissance; il travaille sans relâche aux destructions magiques, et regarde avec horreur les auteurs maléfiques.

Pratique de Guidon, quand il s'agit de déposséder.

Les anciens rituels lui sont d'une grande ressource, il n'y omet ni Conjurations, Exorcismes, Evangiles, ni Oraisons; il supprime seulement, pour les animaux irraisonnables, les endroits où il est parlé des morts aux signes de Croix; il se sert d'eau bénite, le plus souvent d'eau baptismale, dont il fait des aspersions en forme de croix sur l'énergumène, avec une branche de buis bénit; il signe aussi au front le maléficié avec son pouce trempé dans la même eau. Pendant la cérémonie, il est nud tête, ainsi que l'infirmé et les assistants. Quand il opère sur les animaux irraisonnables, au lieu d'eau bénite, il fait des jets de sel préparé, comme nous l'allons dire. Il continue son opération par l'Oraison de l'Enchiridion, imprimé à Rome en 1660, pag. 43; puis il prend du sel dans une écuelle, qu'il exorcice avec du sang tiré d'un des animaux maléficiés; il mouve le tout, disant:

Beati tornitis omnes Joannes Baptisantes et agentes.

Il fait ensuite chez lui une neuvaine, qui est de réciter, pendant neuf jours à jeun, l'Oraison que nous avons indiquée de l'Enchiridion.

Pour rompre et détruire tous maléfices.

Prenez une tassée de sel, plus ou moins, selon la quantité des animaux maléficiés; prononcez dessus ce qui suit;

Herego gomet hunc gueridans sesserant deli-
berant amei.

Faites trois tours autour des animaux,
commençant du côté du soleil levant, et
continuant suivant le cours de cet astre,
les animaux devant vous, et faisant vos
jets sur iceux par pincée, récitez les mêmes paroles.

Le grand exorcisme pour déposséder soit la créature humaine, ou les animaux irraisonnables.

D émon, sors du corps de N. par
le commandement du Dieu que
j'adore, et fais place au St. Esprit.
Je mets le signe de la sainte croix de notre
Seigneur J. C. sur votre front. Au nom du
Père, et du Fils, et du Saint-Esprit. Je fais
le signe de la croix de N.-S. J.-C. dessus
votre poitrine. Au nom du Père, et du Fils,
et du Saint-Esprit. Dieu éternel et tout-
puissant, Père de N.-S. J.-C., jetez les yeux
de votre miséricorde sur votre serviteur

N. que vous avez daigné appeler au droit de la foi, guérissez son cœur de toutes sortes d'éléments et de malheurs, et rompez toutes ses chaînes et ligatures; ouvrez, Seigneur, la porte de votre gloire par votre bonté, afin, qu'étant marqué du sceau de votre sagesse, il soit exempt de la puanteur, des attaques et des désirs de l'Esprit immonde; et qu'étant rempli de la bonne odeur de vos bontés et de vos grâces, il observe avec joie vos commandements dans votre Eglise; et en s'avançant de jour en jour dans la perfection, il soit rendu digne d'avoir reçu le remède salutaire à ses fautes, par votre saint baptême, par les mérites du même J.-C. N.-S. et Dieu : Seigneur, nous vous supplions d'exaucer nos prières, de conserver et protéger ce qu'un amour charitable vous a fait racheter au prix de votre sang précieux, et par la vertu de votre sainte croix, de laquelle nous sommes marqués. Jésus protecteur des pauvres affligés, soyez propice au peuple que vous avez adopté, nous faisant participants du nouveau testament, afin que les lettres de

la promesse soient exaucées, d'avoir reçu
par votre grâce ce qu'ils ne peuvent espé-
rer que par vous J.-C. N.-S., qui êtes notre recours, qui avez fait le ciel et la terre.
Je t'exorcise, créature, au nom de Dieu,
le Père tout-puissant, et par l'amour que
N. C. J. B. porte, et par la vertu du Saint-
Esprit; je t'exorcise par le grand Dieu vivant, qui est le vrai Dieu que j'adore, et
par le Dieu qui t'a créé, qui a conservé
tous ses élus, qui a commandé à ses serviteurs de le bénir, pour l'utilité de ceux qui
croient en lui, afin que tout devienne un
Sacrement salutaire pour chasser l'ennemi. C'est pour cela, Seigneur notre Dieu,
que nous vous supplions de sanctifier ce
sel par votre sainte bénédiction, et de le
rendre un parfait remède pour ceux qui
le recevront; qu'il demeure dans leurs entrailles, afin qu'elles soient incorruptibles,
au nom de N.-S. J.-C. qui doit juger les vivants et les morts, et par le sceau du Dieu
d'Abraham, du Dieu d'Isaac, du Dieu de
Jacob, du Dieu qui est montré à son serviteur Moïse sur la montagne de Sinaï,

qui a tiré les enfants d'Israël de l'Egypte, leur donnant un Ange pour les protéger et les conduire de jour et de nuit. Je vous prie aussi, Seigneur, d'envoyer votre saint Ange pour protéger votre serviteur N. et le conduire à la vie éternelle, en vertu de votre saint Baptême. Je t'exorcise, Esprit impur et rebelle, au nom de Dieu le Père, de Dieu le Fils, de Dieu le Saint-Esprit; je te commande de sortir du corps de N., je t'adjure de te retirer au nom de celui qui donna la main à Saint Pierre, lorsqu'il était près d'enfoncer dans l'eau. Obéis, maudit Démon, à ton Dieu et à la sentence qui est prononcée contre toi, et fais honneur au Dieu vivant, fais honneur au Saint-Esprit et à JC. Fils unique du père. Retire-toi, serpent antique, du corps de N. parce que le grand Dieu te le commande; que ton orgueil soit confondu et anéanti devant l'enseigne de la sainte croix, de laquelle nous sommes signés par le baptême et la grâce de JC. Pense que le jour de ton supplice approche, et que des tourments extrêmes t'attendent; que ton jugement est irrévocable, que ta sentence te condamne aux flammes éternelles ainsi que tous tes compagnons, pour votre rébellion envers votre Créateur. C'est pourquoi, maudit Démon, je t'ordonne de fuir de la part du Dieu que j'adore; fuis par le Dieu Saint, par le Dieu vrai, par celui qui a dit, et tout a été fait : rends honneur au Père, au Fils et au Saint-Esprit, et à la très sainte et très indivisible Trinité. Je te fais commandement, Esprit sale, et qui que tu sois, de sortir du corps de cette créature N. créée de Dieu, lequel Dieu mène est N.-S. J.-C. qu'il daigne aujourd'hui, par son infinie bonté, t'appeler à la grâce de participer à ses saints Sacrements qu'il a institués pour le salut de tous les fidèlcs; au nom de Dieu, qui jugera tout le monde par le feu.

Voilà la croix de N.-S. J.-C. † Fuyez, parties adverses, voici le lion de la tribu de Juda, racine de David.

Pour lever tous Sorts, et faire venir la personne qui a causé le mal.

Prenez le cœur d'un des animaux morts; surtout qu'il n'ait aucun signe de vie; arrachez le cœur, mettez-le sur une assiette propre, puis ayez neuf piquans d'aubépine, et procédez comme il va suivre.

Percez dans le cœur un de vos piquans, disant: Adibaga, Sabaoth, Adonay, *contra ratout prisons pererunt fini unixio paracle gossum.*

Prenez deux de vos piquans et les percez, disant: *Qui fussum mediator agros gaviol valax.*

Prenez-en deux autres, et les perçant, dites: *Landa zazar valoi sator salu xio paracle gossum.*

Reprenez deux de vos piquans, et les perçant, prononcez: *Mortus cum fice sunt et per flagellationem Domini nostri Jesu-Christi.*

Enfin, percez les deux derniers piquans aux paroles qui suivent: *Avir sunt* devant vous *paracletur strator verbonum offi-sum fidando.*

Puis, continuez, disant :

J'appelle ceux ou celles qui ont fait fabriquer le Missel Abel; lâche, a-t-on mal fait que tu aies partant à nous venir trouver par mer ou par terre, tout partout, sans délai et sans dédit. Percez pour lors le cœur d'un clou à ces dernières paroles.

Notez que si on ne peut avoir des piquans d'aubépine, on aura recours à des clous neuf.

Le cœur étant percé, comme nous l'avons indiqué, on le met dans un petit sac; puis on le pend à la cheminée. Le lendemain vous retirerez le cœur du sac, vous le mettrez sur une assiette, retirant la première épine vous le repercez dans un autre endroit du cœur, prononçant les paroles que nous lui avons destinées ci-dessus : vous relevez deux autres; et les reperçant, vous dites les paroles convenables : enfin vous les relevez toutes dans le même ordre pour les repercer comme nous avons dit, observant de ne jamais repercer dans le même trou. On continue cette expérience pendant neuf jours. Toutefois, si vous ne voulez donner relâche au malfaiteur, vous faites votre neuvaine dans le même jour, et dans l'ordre prescrit à la dernière opération. On perce le clou dans le cœur, prononçant les paroles que nous avons destinées pour cet effet: puis on fait grand feu; on met le cœur sur un gril, pour le faire rôtir sur la braise ardente. Il faut que le maléficiant vienne demander grâce; ou s'il est hors de son pouvoir de venir dans le peu de temps que vous exigerez de lui accorder, sinon vous le ferez mourir.

Le château de Belle-Garde pour les chevaux.

Prenez du sel sur une assiette; puis ayant le dos tourné au lever du soleil, et les animaux devant vous, prononcez, étant à genoux, la tête nue, ce qui suit:

Sel qui est fait et formé au château de Belle Sainte belle Elisabeth, au nom Disolet, Solfée portant sel, sel dont sel, je te conjure au nom de Gloria, de Doriante et de Galianne sa sœur, sel je te conjure que tu aies à me tenir mes vifs chevaux de bêtes cavalines que voici présents devant Dieu et devant moi, sains et nets, bien buvants, bien mangeants, gros et gras, qu'ils soient à ma volonté; sel dont sel, je te conjure par la puissance de gloire, et par la vertu de gloire, et en toute mon intention toujours de gloire.

Ceci prononcé au coin du soleil levant, vous gagnez l'autre coin suivant le cours de cet astre, vous y prononcez ce que dessus. Vous en faites de même aux autres coins; et étant de retour où vous avez commencé, vous y prononcez de nouveau les mêmes paroles observez pendant toute la cérémonie; que les animaux soient toujours devant vous, parce que ceux qui traverseront seront autant de bêtes folles.

Faites ensuite trois tours autour de vos chevaux, faisant des jets de votre sel sur les animaux, disant: Sel, je te jette de la main que Dieu m'a donnée; Grapin, je te prends, à toi je m'attends.

Dans le restant de votre sel, vous saignerez l'animal sur qui on monte, disant: Bête cavaline je te saigne de la main que Dieu m'a donnée, Grapin, je te prends, à toi je m'attends.

On doit saigner avec un morceau de bois dur, comme du buis ou du poirier; on tire le sang de telle partie qu'on veut, quoiqu'en disent quelques capricieux, qui affectent de vertus particulières à certaines parties de l'animal. Nous recommandons seulement que quand on tire le sang, que l'animal ait le cul derrière vous. Si c'est, par exemple, un mouton, vous lui tiendrez la tête dans vos jambes. Enfin, après avoir saigné l'animal, vous faites une levée de corne du pied droit, c'est-à-dire que vous lui coupez un morceau de corne du pied droit avec un couteau, vous le partagez en deux morceaux et en faites une croix; vous mettez cette croisette dans un morceau de toile neuve, puis vous la couvrez de votre

sel; vous prenez ensuite de la laine, si vous agissez sur moutons; autrement vous prenez du crin, vous en faites aussi une croisette que vous mettez dans votre toile sur le sel; vous mettez sur cette laine ou crin, une seconde couche de sel; vous faites encore une autre croisette de cire vierge pascale ou chandelle bénite; puis vous mettez le restant de votre sel dessus, et nouez le tout en pelote avec une ficelle; froissez, avec cette pelote les animaux au sortir de l'écurie, si ce sont des chevaux; si ce sont des moutons, on les frouera au sortir de la bergerie ou du parc, prononçant les paroles qu'on aura employées pour le jet: on continue à frouer pendant 1, 2, 3, 7, 9 ou 11 jours de suite. Ceci dépend de la force et de la vigueur des animaux.

Notez que vous ne devez faire vos jets qu'au dernier mot: quand vous opérez sur les chevaux, prononcez vivement; quand il s'agira de moutons, plus vous serez long à prononcer, mieux vous ferez; quand vous trouverez du crin dans les jets de ce recueil, vous ne les devez faire que sur le sel et non ailleurs. Toutes les gardes se commencent le mardi ou le vendredi au croissant de la lune; et au cas pressant, on passe par-dessus ces observations. Il faut bien prendre garde que vos pelotes ne prennent de l'humidité, parce que les animaux périraient. On les porte ordinairement dans le gousset, mais sans vous charger de ce soin inutile, faites ce que font les praticiens experts: Placez-les chez vous en quelque lieu sec, et ne craignez rien. Nous avons dit ci-dessus de ne prendre de la corne que du pied droit pour faire la pelote. La plupart en prennent des quatre pieds, et en font conséquemment deux croisettes, puisqu'ils en ont quatre morceaux. Cela est superflu et ne produit rien de plus. Si vous faites toutes les cérémonies des quatre coins au seul coin du soleil levant, le troupeau sera moins dispersé.

Remarquez qu'un berger mauvais, qui en veut à celui qui le remplace, peut lui causer bien des peines, et même faire périr le troupeau: premièrement, par le moyen de la pelote qu'il coupe en morceaux et qu'il disperse, soit sur une table ou ailleurs, soit par une neuvaine de chapelet, après laquelle il enveloppe la pelote dedans, puis coupe le tout et le disperse, soit par le moyen d'une taupe ou d'une belette, soit par le pot ou tare ou la burette, enfin par le moyen d'une grenouille ou raine verte, ou une queue de morue, qu'ils mettent dans une fourmilière, disant: Maudition, perdition, etc. Ils l'y laissent durant neuf jours, après lesquels ils la relèvent avec les mêmes paroles, la mettant en poudre, en sèment où doit paître le troupeau. Ils se servent encore de trois cailloux pris en différents cimetières : et par le moyen de certaines paroles que nous ne voulons révéler, ils donnent des courantes, causent la gale, et font mourir autant d'animaux qu'ils souhaitent. Nous donnerons ci-après la manière de détruire ces prestiges, par nos manières de rompre les gardes et tous maléfices. Nous nous proposons, pour le même sujet, de réimprimer l'Enchridion du Pape Léon, dans lequel on joindra les découvertes et les expériences que Guidon exerce avec un succès surprenant.

Garde à sa volonté.

Astarin, Astaroth qui est Bahol, je te donne mon troupeau à ta charge et à ta garde; et pour ton salaire, je te donnerai une bête blanche ou noire, telle qu'il me plaira. Je te coujure, Satarin, que tu me les gardes partout dans ces jardins, en disant hurlupapin.

Vous agirez suivant ce que nous avons dit au château de Belle, et ferez le jet, prononçant ce que suit:

Gupin ferrant a failli le grand; c'est Caïn qui te fait cha. Vous les frouerez avec les mêmes paroles.

Autre garde.

Bêtes a laine, je te prends au nom de Dieu et de la très sainte sacrée Vierge Marie. Je prie Dieu que la saigné que je vais faire, prenne et profite à ma volonté. Je te conjure que tu casses et brises tous sorts et enchantements qui pourraient être passes dessus le corps de mon vif troupeau de bêtes à laine, que voici présent devant Dieu et devant moi, qui sont à ma charge et à ma garde. Au nom du Père, du Fils et du Saint-Esprit, et de Monsieur St.-Jean-Baptiste et Monsieur St.-Abraham.

Voyez ci-dessus ce que nous avons dit pour opérer au château de Belle, et vous servez pour le jet et frouer des paroles qui suivent. Passe Flori, Jésus est ressuscité.

Garde contre la gale, rogne et clavelée.

Ce fut par un lundi au matin que le Sauveur du monde passa, la Sainte Vierge après lui, M. St. Jean son pastoureau, son ami, qui cherche son divin troupeau, qui est antiché de ce malin claviau, de quoi il n'en peut plus, à cause des trois pasteurs qui ont été adorer mon Sauveur Rédempteur Jésus-Christ en

Bethléem, et qui ont adoré la voix de l'enfant. Dites cinq fois *Pater* et cinq fois *Ave*.

Mon troupeau sera sain et joli, qui est sujet à moi. Je prie Madame Ste. Geneviève qu'elle m'y puisse servi d'ami dans ce malin claviau ici. Claviau banni de Dieu, renié de J.-C., je te commande de la part du grand Dieu vivant, que tu aies à sortir d'ici, et que tu aies à fondre et confondre devant Dieu et devant moi, comme fond la rosée devant le soleil. Très glorieuse Vierge Marie et le Saint-Esprit, claviau sors d'ici, car Dieu te le commande, aussi vrai comme Joseph, Nicodême d'Arimathie a descendu le précieux corps de mon Sauveur et Rédempteur J.-C., le jour du Vendredi Saint; de l'arbre de la croix, de par le Père, de par le Fils, de par le Saint-Esprit, digne troupeau de bêtes à laine, approchez-vous d'ici, de Dieu et de moi. Voici la divine offrande de sel que je te présente aujourd'hui; comme sans le sel rien n'a été fait, comme je le crois, de par le Père, etc.

O sel! Je te conjure de la part du grand Dieu vivant, que tu me puisses servir à ce que je prétends, que tu me puisses préserver et garder mon troupeau de rogne, gale, pousse, de pousset, de gobes et de mauvaises eaux. Je te commande, comme Jésus-Christ mon Sauveur a commandé dans la nacelle à ses Disciples, lorsqu'ils lui dirent: Seigneur, réveillez-vous, car la mer nous effraie. Aussitôt le Seigneur s'éveilla, commanda à la mer de s'arrêter: aussitôt la mer devint calme, commanda de par le Père, etc.

Avant toutes choses, à cette garde prononcez sur le sel; *Panem cœlestem accipiat, sit nomen Domine invocabis.* Puis ayez recours au château de Belle, et faites le jet et les froues prononçant ce qui suit:

Eum ter ergo docentes omnes gentes baptizantes eos. In nomine Patris, etc.

Garde contre la gale.

Quand Notre Seigneur monta au ciel, sa sainte vertu en terre laissa Pasle, Colet et Herve; tout ce que Dieu a dit a été bien dit. Bêtes rousses, blanches ou noires, de quelque couleur que tu sois, s'il y a quelque gale ou rogne sur toi, fut-elle mise et faite à neuf pieds dans terre il est aussi vrai qu'elle s'en ira et mort ira, comme St. Jean et dans sa peau et a été né dans son chameau; comme Joseph, Nicodème d'Arimathie a dévalé le corps de mon doux Sauveur Rédempteur J.-C. de l'arbre de la croix, le jour du Vendredi saint.

Vous vous servirez, pour le jet et pour les froues, des mots suivants, et aurez recours à ce que nous avons dit au château de Belle.

Sel, je te jette de la main que Dieu m'a donnée. *Volo et vono Baptista Sancta Agala tum est.*

Garde pour empêcher les loups d'entrer sur le terrein où sont les Moutons.

Placez-vous au coin du soleil levant, et prononcez-y cinq fois ce qui va suivre. Si vous ne le souhaitez prononcer qu'une fois, vous en ferez autant cinq jours de suite.

Viens bêtes à laine, c'est l'Agneau d'humilité, je te garde, *Ave Maria.* C'est l'Agneau du Rédempteur, qui a jeûné quarante jours sans rébellion, sans avoir pris aucun repos de l'ennemi, fut tenté en vérité. Va droit, bête grise, à gris agrippeuses, va chercher ta proie, loups et louves et louveteaux, tu n'as point à venir à cette viande qui est ici. Au nom du Père, et du Fils, et du Saint-Esprit, et du bienheureux Saint Cerf. Aussi, *vade retro, ô Satana.*

Ceci prononcé au coin que nous avons dit, on continue de faire le même aux autres coins; et de retour où l'on a commencé, on le répète de nouveau. Voyez

pour le reste le château de Belle, puis faites le jet avec les paroles qui suivent.

*Vanus vanes Christus vaincus, attaquez sel
soli, attaquez Saint Sylvain au nom de Jesus.*

Les Marionnettes gardes.

Allions-les, allions-les, marions-
nous et marions-les, délions-nous
et marions-les à Belzébuth.
Cette garde est dangereuse et embar-
rassante, ou plutôt son succès est très in-
certain; il faut des dispositions d'âme bien
pure, pour qu'elle réussisse.

Garde pour les Chevaux.

Sel, qui est fait et formé de l'écume
de la mer, je te conjure que tu fas-
ses mon bonheur et le profit de mon
maître; je te conjure au nom de Crouay;
Don, je te conjure au nom de Crouay;
Satan, je te conjure au nom de Crouay;

Leot, je te conjure au nom de Crouay;
Valiot, je te conjure au nom de Crouay;
Rou et Rouvayet, viens ici, je te prends
pour mon valets.

Jet. Festi Christi Bélial.

Gardez-vous de dire : Rouvayet, ce que
tu feras je le trouverai bien fait; parce que
cette garde est d'ailleurs forte, et quelque-
fois pénible. Voyez ce que nous avons enseigné au château de Belle, touchant les
gardes.

Garde pour le Troupeau.

Toutes bêtes ravissantes, qui pourraient attaquer ce vif troupeau de
bêtes à laine, qu'elles soient bridées
de par le *hoc est enim Corpus meum* : Bêtes à
laine, viens à moi, voici une offrande de
sel que je te présente, et que je te vais donner, au nom de Dieu et de la Vierge, et de
Monsieur St.-Jean : bêtes à laine, viens à
moi, et te tourne vers moi; voilà une offrande de sel béni de Dieu, que je vais te

donner, livrer et jeter, au nom de Dieu, de la Vierge et de Monsieur St. Jean : bêtes à laine, viens à moi, voilà une offrande de sel béni de Dieu, que je te présente et vais livrer et jeter dessus toi. Vif troupeau de bêtes à laine, que voici présent devant Dieu et devant moi, au nom de Dieu et de la Vierge, et de M. St.-Jean que ce sel me les garde saines et nettes, bien buvants, bien mangeant, grosses et grasses, basses et ravalées, bien closes et fermées autour de moi, comme est l'agneau de Monsieur St.-Jean; et à l'honneur de lui, je crois que ce sel me les gardera saines et nettes, bien buvants et bien mangeant, grosses et grasses, comme l'agneau de M. Saint-Jean; je crois que ce sel me les gardera claires et reluisantes, pour complaire à tout le monde, au nom de Dieu et la Vierge, et de Monsieur St.-Jean : je crois que ce sel les garantira des loups et louves, et de toutes bêtes ravissantes qui marchent le jour et la nuit. Sel béni de Dieu, je te conjure que tu me le feras; car j'y crois, au nom de Dieu, de la Vierge et de M. St.-Jean. O grand

Dieu, je crois que ce sel me les préservera de rogne, de gale, de clavelé, et de quelque mal qui pourrait arriver dessus le corps de ce vif troupeau de bêtes à laine. Sel béni de Dieu, je crois que tu le feras au nom de Dieu et de la Vierge, et de Monsieur St.-Jean. Amen.

Il faut qu'une messe du St.-Esprit ait été dite sur le sel; elle doit être commencée par le Confiteor, et continuée jusqu'à la fin. Vous la pouvez dire vous-même. Au reste, vous y procéderez comme au château de Belle, et vous vous servirez des paroles suivantes pour le jet, etc.

Vamus Jesus Christus et memores, attaquez sel seli, attaquez St.-Sylvain au nom de Jusus.

Autre garde pour les Moutons.

Sel, qui est créé de Dieu et béni de sa très digne main, je te conjure par le grand Dieu vivant, et de Monsieur St.-Riquier, qui est le combattant de tous les Diables, je te conjure que tu aies à rompre et corrompre toutes paroles qui ont été dites, lues et célébrées dessus le corps de ce vif troupeau de bêtes à laine, que voici présent devant Dieu et devant moi. Sel qui est créé de Dieu et béni de sa digne main, je conjure, présente et applique sur le corps de ce vif troupeau, que voici présent devant Dieu et devant moi, c'est mon intention et désir, que tu me les gardes saines et nettes, grosses et grasses, rondes; qu'elles soient bien alliées autour de moi, comme la ceinture de la très sacrée Vierge Marie, quand elle portait le corps de mon doux Sauveur Rédempteur J.-C. *Casta sacravera viga corpus Domini nostri Jesus Christi qui tima menta Deus; in nomine Patri, et Filii, et Spiritus Sancti. Amen.*

Pour l'application, ayez recour à ce qui est enseigné au château de Belle, et vous servez pour le jet et les froues des paroles qui suivent, ou de celles des jets ci-dessus qui vous conviendront, passe Flori, Jesus est ressuscité.

Ce que nous avons donné de gardes, doit suffire pour satisfaire le berger et le palefrenier, puisqu'une garde qui sert à l'un peut servir à l'autre changeant seulement au nom de vif troupeau de bêtes à laine, celui de bêtes cavalines. Toutefois, il est bon de remarquer, que plus une garde est forte et remplie d'ingourmande, mieux elle convient aux chevaux, et plus la garde est douce et saine, mieux elle convient aux moutons. Et pour que le laboureur tire quelque fruit particulier de nos découvertes, nous allons faire suivre une garde qui le regarde en propre. Elle est d'une ressource infinie pour ceux qui sont proches les garennes et autres terrains où il y a des lapins. Les animaux ne pourront endommager la récolte, observant ce que nous allons enseigner. Au contraire, venant à passer dans les grains qu'on veut garantir, ils y détruiront toutes les mauvaises herbes.

Garde contre les Lapins.

Prends du sel dans une assiette ou un plat: la quantité ne peut être fixée, cela dépend de l'étendue du terrain que l'on veut conserver. De plus, ayez des fientes de lapin, et cinq morceaux de tuile ramassées à une procession ou dans un cimetière; puis étant à la place où vous voulez faire cette expérience, vous la commencerez du côté du soleil levant, tête nue et à genoux; vous direz ce qui suit et ferez les croix sur le sel: † dant † dant † dant † sant † Heliot, et Valiot; Rouvayet, viens ici, je te prends pour mon valet, pour garder ici à ces maudits lapins et lapines, qu'ils aient à passer et repasser au travers de cette pièce (nommez le grain) que voici présent devant Dieu et devant moi, sans faire aucun tort ni dommage; qu'ils soient bridés de la part de Réveillot; car je te fais commandement et te conjure de la part du grand Dieu vivant, de m'obéir, toi et tes camarades, à ce que je vais te demander; c'est de garder pendant trois mois et trois lune à cette pièce N. que voilà ici présent devant Dieu et devant moi, comme ainsi je le crois par la croyance que j'ai en toi. Ainsi, je le crois que tu le feras; ainsi je le crois par la vertu de ce sel béni de Dieu, et des tuiles et fientes desdites bêtes maudites, lapins et lapines; ainsi je le crois par toutes les forces et puissances que tu peux avoir sur eux; ainsi je le crois.

Faites un trou en terre, posez dedans une fiente, disant; Rou et Rouvayet, viens ici, je te prends pour mon valet.

Posez sur la fiente une pincée de sel, disant: Sel, je te mets, de la main que Dieu m'a donnée, Rou et Rouvayet, viens ici, je te prends, pour mon valet.

Posez ensuite une tuile, disant: Tuile, je te pose de la main que Dieu m'a donnée.

Frappez du talon gauche sur la tuile, faisant un tour à droite, disant; Rou et Rouvayet; viens ici, je te prends pour mon valet.

On en fait autant aux trois autres coins, puis on traverse au milieu de la pièce, où l'on fait comme à un des coins puis de ce milieu, on revient au premier coin pour y commencer vos jets; au premier vous dires : Sel, je te jette de la main qui Dieu m'a donnée, ancre à la Vierge.

Vous continuez vos jets autour de la pièce, disant seulement : Après le premier ancre à la Vierge. Etant de retour où vous avez commencé, vous prenez le restant de votre sel et en faites un seul jet, disant; Rou et Rouvayet, viens ici, je te prends pour mon valet.

Si le terrein est divisé en différentes parcelles et de différents grains, il faut faire les mêmes cérémonies à chaque pièce; au lieu de trois mois et trois lunes, vous en nommez ce qu'il vous plaît.

Nous nous proposons de donner des gardes d'un autre genre dans la Traduction Française d'Agrippa, et dans les clavicules de Salomon. A ces ouvrages, nous joindrons des secrets de notre expérience.

Pour Brider.

On prend deux petits bouts de paille; l'un doit avoir un noeud dans le milieu, on met l'autre en croix sur ce noeud, puis on prononce dessus :

Ancre de Dieu, ancre de la Vierge, ancre du diable; Satan, va-t-en à tous les diables.

On jette la croix au nez de l'animal, prononçant les mêmes paroles un genou à terre. On peut, par ce moyen, emporter sur les épaules, ou autrement, l'animal, quelque méchant qu'il puisse être, sans risque d'en être mordu.

Pour être Dur.

Valanda jacem rafit massif excorbis anter valganda zazar, frère prête-moi ta main; Bourbelet, Barlet, Amer arrive autour de moi, comme Judas a trahi notre Seigneur.

On porte le billet au cou; et dans le danger, on prononce les mêmes paroles. C'est par ce moyen que Guidon, attaqué par deux cavaliers dans une auberge de Fauville, s'est garanti de bien cinq cents coups de sabre; il retourna, après cet assaut, tranquillement à sa maison.

Pour découvrir les Trésors.

Etant sur la place où l'on soupçonne un trésor, dites, frappant trois fois du talon gauche contre terre, et faisant un tour à gauche:

Sadies satani agir fons toribus: viens à moi, Seradon, qui sera appelé Sarietur.

Recommencez trois fois de suite. S'il y a quelque trésor dans l'endroit, vous le saurez, parce que l'on vous révélera quelque chose à l'oreille.

Pour arrêter chevaux, équipage, et
égarer une personne.

Cheval blanc ou noir, de quelque
couleur que tu puisses être, c'est
moi qui te le fais faire, je te conjure
que tu n'aies non plus à tirer de tes pieds
comme tu fais de tes oreilles, non plus que
Belzébuth ne puisse rompre sa chaîne. Il
faut, pour cette expérience, un clou for-
gé pendant la messe de minuit, que vous
chasserez par où le harnais passe. A son
défaut on prend un mâlon que l'on conjure comme il suit;

Mâlon, je te conjure au nom de Lucifer,
Béelzébuth et de Satanas, les trois Princes
de tous les diables, que tu aies à t'arrêter.

Vous faites continuer les paroles ci-
dessus; vous faites de même pendant neuf
jours, sans faire aucune œuvre chrétienne.

Contre Charme.

Hostia sacra verra corrum, en dé-
poussant le grand diable d'enfer,
toutes paroles, enchantements et
caractères qui ont été dits, lus et célébrés
sur le corps de mes vifs chevaux, qu'ils
soient cassés et brisés en arrière de moi.

Après cela vous réitérez l'oraison qui
commence par ces mots : Verbe qui avez
été fait chair, etc.

Pour que les Agneaux deviennent beaux et bien forts.

Prenez le premier né; à son défaut le
premier venu; élevez-le de terre le
nez vers vous, puis dites;

*Ecce lignum crucem in quo salus mundi cru-
cem.*

Remettez-le par terre, relevez-le et dites comme dessus; faites de même jusqu'à
trois fois. Cela fait, vous prononcerez tout
bas l'oraison du jour où l'on sera.

Contre l'Arme à feu.

Astre qui conduit l'arme aujourd'hui, que je te charme te dis-je, que tu m'obéisses; au nom du Père, et du Fils, et Sanatatis; faites un signe de croix.

Contre le Bouquet chancreux; les Fièvres.

On prend le premier mouton venu attaqué dudit mal. Etant tourné du côté du soleil levant, on lui ouvre la gueule, et on prononce dedans trois fois les paroles qui suivent:

Brac, Cabrac, Carabra, Cadebrac, Cabracam, je te guéris. Soufflez dans la gueule du mouton à chaque fois, et le jetez parmi les autres. Ils seront tous guéris. Il faut faire autant de signes de croix comme il y en a de marqués. Ces mêmes paroles, écrites sur un papier, porté au cou pendant neuf jours, guérissent de la fièvre.

Contre les avives et tranchées rouges des Chevaux.

Cheval (nommez le poil) appartenant à N., si tu as les avives, de quelque couleur qu'elles soient, et tranchées rouges ou trancherons, ou de trente-six sortes d'autres maux, en cas qu'ils y soient, Dieu te guérisse et le bienheureux Saint-Eloy : au nom du Père, et du Fils, et du Saint-Esprit ; puis dire cinq fois *Pater* et cinq fois *Ave*, etc., à genou.

Pour guérir la Foulure et l'Entorce.

Atay de satay suratay avalde, marche. Il faut le répéter trois fois, frappant le sabot du cheval. Si c'est du côté du montoir, frappez de pied gauche. Il sert aussi pour les hommes.

Pour empêcher un troupeau de
toucher au grain, passant entre deux
raies.

Prenez une pièce d'argent, pendez-
la au cou d'un des moutons, disant
neuf fois ce qui suit :

Satan, Satourne, parlant de Gricacœur
da voluptere Seigneur de Nazariau; je te
requiers et commande, et conjure humble-
ment, que tu aies à venir garder et passer
mon vif troupeau de bêtes à laine le soir,
le jour et le matin, en disant hurlupupin.

Nous ne voulons rien dire de plus sur
ces paroles d'ingourmande.

Pour faire passer le Levretin.

Prenez la bête affligée et lui dites
trois fois sur la tête les paroles qui
suivent :

In tes dalame bouis, vins Divernas
sathan.

Contre la Pousse ou Pousset.

Ouvrez la bouche du Cheval, soufflez trois fois dedans, prononçant les paroles ci-dessus.

Contre le Godron.

Prenez de l'eau bénite avec le bout
du doigt, et touchant les dessous
des mâchoires, dites :
† *Christus Brutus et datus et vanum.*

Contre la Gale et haut Taupin.

Lupin, ferrant a fiilli le grand, car il
m'a fait cha. Prenez farine de froment, avec huile, et une pincée de
sel, et du sang de troi animaux; pétrissez le
tout et en faites une galette; enveloppez-
la dans de papier, et la faites cuire dans
les cendres chaudes, frous-en les animaux,
prononçant les paroles ci-dessus.

Contre les Hémorroïdes.

Prenez du doigt du milieu de la main gauche, de la salive à votre bouche, et en touchez les hémorroïdes, disant :

Broches, va-t-en, Dieu te maudit; au nom du Père, du Fils, et du Saint-Esprit. Après quoi dites neuf fois *Pater* et *Ave* pendant neuf jours : le second on n'en dira que huit, et l'on diminuera chaque jour, suivant l'ordre, le retour.

Contre l'épilepsie ou mal Caduc.

Dites à l'oreille droite de celui qui est tombé du Haut mal : *Oremus præceptis salutaris moniti.*
Ajoutez l'Oraison Dominicale. Avant que ces prières soient achevées, le malade se relève.

Enchantement pour arrêter le Sang.

Sanguis manè in te sicut fecit Christus in sanguis manè in tua vena sicut Christus in sua pœnat sanguis manè fixus sicut quando fuit crucifixus.

Répétez trois fois.

Contre-Charme.

Ecce Crucem Domini, fugite partes adversae, vicit leo de Tribu Juda, radix David.

Contre le Feu.

In te, Domine, speravi, non confundar in aeternum.

Contre les Fievres.

Dieu est venu au monde pour nous racheter de nos péchés : il a jeûné trente-trois ans et trois jours : il a été vendu aux Juifs trente deniers, Fievre tierce, Fievre quarte, Fievre de quelle qualité qu'elle soit, ne puisse demeurer sur mon corps : au nom de Jesus, qui a été attaché à l'arbre de la Croix, où il a répandu son sang juste pour nos péchés ; Sainte Marie, priez pour moi : Saint Michel, conservez-moi Jesus, Maria, Saint Joseph, assistez-moi ; Marie Sainte Catherine, conservez-moi. Ici doit être mis le nom du Fébricitant, qui doit porter au cou ce que dessus, disant chaque jour à jeun cinq *Pater* et cinq *Ave* devant une image de Vierge.

TABLE

FIN

www.ingramcontent.com/pod-product-compliance
Lightning Source LLC
LaVergne TN
LVHW051125080426
835510LV00018B/2233